Lotusblütenknospe

POESIE DER DÜFTE

VOM SCHÖPFERISCHEN UMGANG MIT EDLEN PFLANZENDÜFTEN

SUSANNE FISCHER-RIZZI

mit Fotografien von JONAS BALENA

JOY VERLAG

Poesie der Düfte

Dieses Buch widme ich allen Primaveras.

2. Auflage 1990

Fotos: Jonas Balena, D-7053 Kernen-Stetten, Steigstraße 21
Buch- und Umschlaggestaltung, Satz: Kuhn Grafik & Buchdesign, CH-Zürich
Satzschrift: Garamond 10 Punkt, Papier: 115 g, matt gestrichenes Offsetpapier
Druck und Bindung: Kösel, D-Kempten

ISBN: 3-9801624-5-1

Inhaltsangabe

Vorwort

"Ein Parfüm ist dazu geeignet, den simplen Vorgang des Atmens in einen Rausch zu verwandeln". Vielleicht ist diese Äußerung des französischen Schriftstellers Paul Valéry etwas übertrieben. Doch eine Verwandlung scheinen die edlen Düfte aus Pflanzen mit uns doch vorzunehmen. Ihre Wohlgerüche schenken uns wohlige Gefühle. Sie berühren unsere Seele und hinterlassen dort ein Gefühl der Freude und Weite. Gleich gehauchten Banden verknüpfen sie uns mit den schöpferischen Kräften der Natur und lassen uns hinabtauchen ins unerschöpfliche Reservoir unserer Bilder, Phantasien und Stimmungen. Sie führen uns dorthin, wo unser «poetisches Gedächtnis» liegt, "in jene spezielle Zone unseres Gehirns, die aufzeichnet, was unser Leben schön macht", wie Milan Kundera in «Die unerträgliche Leichtigkeit des Seins» diesen Ort beschreibt.

Düfte wecken in uns Assoziationen und Gefühle, die nahezu unaussprechlich sind, die, unfaßbar, durch die Maschen der Rationalität optisch geprägter Sprache schlüpfen. Nur der geheimen Kunst der Poeten, die mit einem Wort, einem kurzen Satz unser Herz berühren, können wir unsere Dufterlebnisse anvertrauen.

In diesem Buch sollen Gedichte jene unaussprechliche Freude vermitteln, die wir im schöpferischen Umgang mit den edlen Pflanzendüften erfahren. Sie begleiten spielerisch Erklärung und Anleitung, die Ihnen zeigen wollen, wie Sie Ihr eigenes Naturparfüm komponieren können; wie Ihnen Duftmischungen gelingen, die in Ihre Wohnräume angenehme Atmosphäre und heilsame Atemluft bringen. Eine Poesie der Düfte, die Ihre Sinne erfreuen wird.

Toskana, August 1989

WOLKEN VON DUFT

Nichts ist so flüchtig wie eine Wolke von Duft, ein Hauch, der vorüberweht, unsere Nase streift. Nichts ist so unsichtbar wie der Duft einer Rose und doch berührt er tief unser Herz. Wir können sie nicht fassen, nicht festhalten, die Wolken aus Duft, wir können uns nur dem Zauber des Augenblicks hingeben. Wenn Schönheit und Vergänglichkeit so eng zusammenliegen, dann spiegeln sie sich in unserer Seele und berühren diese tief: ein Sonnenstrahl auf einem Tautropfen, ein Schmetterling, der über die Blumen schaukelt, ein Blick, eine zarte Berührung, der Duft einer Blume, sie lehren uns die Schönheit des Moments und der Veränderung. Wir können loslassen und entdecken die Kunst des Augenblicks, der, zeitlos geworden, uns mit Heiterkeit erfüllt.

Düfte vermitteln Stimmungen, denn das, was man riecht, das fühlt man zugleich. «Es liegt etwas in der Luft»: unsere Freude, unser Glüklichsein, unsere Zuneigung, unsere Betrübnis, unsere Ahnungen. Wir fühlen uns beflügelt oder niedergeschlagen und ahnen nicht, daß diese Stimmungen mit der Duftqualität der Atemluft zusammenhängen. Oft genügt nur ein Hauch, um Wellen im See unserer Gefühle zu erzeugen.

Düfte schaffen und verändern Atmosphäre und damit unsere Stimmung, unsere Einstellung. Was sie vermögen, kann man mit Worten schwerlich ausdrücken, ihre Unfaßbarkeit läßt sie durch die Maschen unseres analytischen Denkens schlüpfen. Stimmung und Athmosphäre tauchen auf und erscheinen wie Wolken am Himmel. Meist ertragen, erleiden wir sie wie das Wetter. Dunkle Wolken, «dicke Luft», machen uns schwer und betrübt. Weiße Wölkchen, die vor der Sonne dahinziehen, eine heitere Athmosphäre beflügeln uns. Es gelingt nicht vielen Menschen, in sich zu ruhen inmitten vorüberziehender Veränderungen.

Wie wäre es mit etwas Wetterzauber? Wetterzauber, bei dem wir das Wetter unserer Gefühle gestalten und bewußt erleben, bei dem wir «atmosphärische Veränderungen» vornehmen und unsere Gefühle nicht mehr nur dem Zufall überlassen; durch den wir uns bewußt ein-stimmen und nicht unbewußt ver-stimmen lassen. Unsere magischen Utensilien sind die Essenzen, die reinen Pflanzendüfte. Mit ihnen wollen wir bei der «Wetterentstehung» unserer Gefühle etwas mitmischen. Wir vermögen mit diesen Düften hinabzutauchen in die Tiefen unserer Gefühlsentstehung, mit ihnen schwankende Gefühle zu glätten, uns zu harmonisieren, anzuregen und zu beruhigen. Wir können gute Stimmungen zaubern und bemerken dabei, daß wir belastbarer, elastischer und harmonischer werden, daß wir mit unseren Lebensaufgaben, mit Streß und Hektik leichter umgehen lernen. Einfach mal dasitzen und die Beine im Wind baumeln lassen! Essenzen helfen uns, zu entdecken, daß auch die schlechten Stimmungen nur Wolken sind. Wolken, die der Wind mühelos über den Himmel unserer Gefühle bläst. Wir lernen, mit ihnen zu spielen, mit den Geschenken des Windes.

Windgeschenke

Die Luft ein Archipel
von Duftinseln
Schwaden von Lindenblüten
und sonnigem Heu,
süß vertraut,
stehen und warten auf mich
als umhüllten mich Tücher,
von lange her
aus sanftem Zuhaus
von der Mutter gewoben.

Ich bin wie im Traum
und kann den Windgeschenken kaum
glauben.
Wolken von Zärtlichkeit
fangen mich ein,
und das Glück beißt
seinen kleinen Zahn
in mein Herz.

Hilde Domin

AUF DEN FLÜGELN DER INSPIRATION

Die Luft, die wir atmen, strömte schon durch die Lungen der Pflanzen, der Tiere und unserer Mitmenschen. Sie wurde befeuchtet vom Wasser der Meere, erwärmt von den Strahlen der Sonne. Sie verbindet uns immer mit allen anderen Lebewesen und mit dem Atem der Erde. Durch die allerfeinsten Duftmoleküle, die die Pflanzen der Luft schenken, wird sie lebendig. Die Pflanzen verströmen mit ihren Düften ihre Energie, das Essentielle, ihre Seele, wie es die Alchemisten nannten. So machen die Essenzen oder Pflanzendüfte die Luft zum Träger feinstofflicher Informationen, die wir mit jedem Atemzug aufnehmen und verinnerlichen. Ein hochsensibles Fühler- und Analysesystem in unserer Nase und unserem Gehirn nimmt diese Informationen auf, entschlüsselt sie und löst unmittelbar Reaktionen aus.

Nur wenn wir atmen, können wir riechen. Halten Sie sich einmal ein Fläschchen ätherisches Öl bei angehaltenem Atem vor die Nase! Duft und Atem sind aufs engste miteinander verbunden. Mit jedem Atemzug geben wir der Außenwelt Raum, in uns einzudringen und uns zu inspirieren. «Inspiration» leitet sich vom lateinischen «inspirare» ab, das heißt einhauchen, eingeben, begeistern. Der Duft der Pflanzen, die ätherischen Öle, beleben unsere Atemluft und sind die Grundlage ihrer inspirierenden Wirkung.

Viele Künstler lassen sich durch Düfte zu schöpferischer Arbeit inspirieren, wissend, daß sie sich dadurch für die Schönheit und Fülle ringsum mehr öffnen und sich ihre Fähigkeit zur Freude steigern kann. Essenzen wecken unsere Freude und Offenheit und verbinden uns mit den heilenden Kräften der Natur. Ist doch unsere eigene Lebensfreude die beste Vorbeugung gegen das Krankwerden.

Die Luft unserer Lebensräume, speziell in den Städten, ist nicht mehr inspirierend. Sie ist fast tot, wenig von Wasser befeuchtet, selten von Pflanzen beduftet. Sie trägt den starken Geruch von Abgasen, Abfällen und Verschmutzung. Deshalb sollten wir so oft wie möglich vor die Tore der Stadt hinaus, wo wir noch lebendige Luft atmen können. Die Qualität der Atemluft in unseren Wohnräumen können wir jedoch ganz bewußt mit den Pflanzenessenzen verbessern. Mit Duftlampe, Feinzerstäuber oder durch Bäder können wir sie mit ätherischen Ölen anreichern, wieder lebendig machen. Mit jedem Atemzug wird sie uns dann erfreuen, begeistern, inspirieren und heilen. Unsere schöpferischen Kräfte und unsere Freude werden dadurch vermehrt angeregt und fließen in unser Leben ein. Auf den Flügeln der Inspiration wird es so zu einem heiteren Kunstwerk.

Inselfrühling

Sie erzählt dir
von diesem Gehen
durch Düfte
durch Lüfte,
erzählt dir vom Meerwind,
vom Echo des Palmblatts,
vom Lachen der Zitronen
Sie erzählt dir
mit Flügelzittern
auf der Zunge
von diesem Grün,
das sie fand
Nimm ihre Hand,
sie zeigt dir das Land

Anette Christener-Ayasse

HEILENDER ATEM

Wer könnte sich erholen an einem Ort, an dem es schlecht riecht? Neue Kräfte schöpfen im Gestank? Stellen Sie sich vor, Sie verlassen die Stadt mit dem Auto und erreichen einen schönen Wald. Sie öffnen die Wagentür und atmen tief ein. Die Luft ist besonders reich an ätherischen Ölen, die die Nadelbäume verströmen. Diese gleichen riesigen Duftlampen, die, von den Strahlen der Sonne erwärmt, ihre ätherischen Öle an die Luft abgeben. Essenzen aus Zirbelkiefer, Latschenkiefer, Zeder, Douglasie oder Zypresse fördern die Durchblutung unserer Bronchien, lösen zähen Schleim und können unseren Atem vertiefen. Letzteres geschieht über das vegetative Nervensystem, wo die Atmung reguliert wird. Außerdem beeinflussen ätherische Öle weitere körperliche Funktionen. Eingeatmet treten sie über die Lungen in unseren Blutkreislauf und gelangen von dort an die Organe, wo sie heilend wirken sollen. Ebenso wie wir aus Gesundheitsgründen auf die Qualität unserer Nahrung achten, sollten wir auf die Qualität unserer Atemluft Wert legen. Immerhin verbrauchen wir davon täglich ca. 15 Kilogramm! Gute oder schlechte Luft wirkt sich auf unsere Widerstandsfähigkeit oder unsere Anfälligkeit gegen Krankheiten aus.

Jede Stimmung, jede Lebenseinstellung hat ihre passende Atemqualität. Das eine beeinflußt das andere. Wenn wir zum Beispiel Angst haben, machen wir uns eng («Angst» und «Enge» haben den gleichen Wortstamm).

"Herr, kommt dieser süße Duft von der Wiese der Seele,

oder ist es eine Brise, die von jenseits der Welt

herüberweht?"

Rumi

Ziehen Sie einmal die Schultern hoch, klemmen Sie den Kopf dazwischen und stellen Sie sich vor, hinter Ihnen stände jemand, der gleich mit einem Stock auf Sie einschlagen wird. Alles zieht sich zusammen. Die Atmung wird flach, ein Gefühl der Enge und Angst stellt sich ein. Häufig beeinflussen wir unsere Atemhaltung noch mit einem suggestiven Lebensmotto, das wir uns unbewußt immer wieder vorsagen. Etwa wie: "Alle sind gegen mich, ich bin zu nichts nütze, ich schaffe es sowieso nicht...". All dies zusammen schafft den Nährboden für Krankheiten. Wenn nun über längere Zeit hinweg flache Atmung mit dem Gefühl dieser Enge oder Angst andauern, entsteht nach geraumer Zeit die entsprechende Krankheit. Das können zum Beispiel Herz- oder Gallebeschwerden oder Magengeschwüre sein. In der Aromatherapie, dem Heilen mit Pflanzenessenzen, weiß man, daß Essenzen dort wirksam werden, wo der Ursprung einer Krankheit liegt. Entsprechend hat die Gehirnforschung in Verbindung mit Düften herausgefunden, daß ätherische Öle auf die Zentren der Motivation im Gehirn einwirken. Essenzen können unsere Atmung verändern, sie zum Beispiel vertiefen. Dabei vermitteln sie vorrübergehend einen Zustand, der uns zeigt, wie es ist, wenn wir tiefer einatmen, uns mehr Raum geben, nicht gleich bei jeder Krisensituation den Atem verflachen...

Wir geben mit den Essenzen einen Impuls, der durch die Veränderung einer Grundstimmung einen Heilungsprozess einleitet und zugleich unsere Selbstheilungskräfte verstärkt.

Den Lieb verwirrte,

Wacht er nicht auf?

Wie ist er trunken!

Ob uns hinfort

Manch Tag am Fluß verrinnt,

Und mancher Abend?

Oh schöner Ort:

Der sanfte Moschuswind

Mit Duft uns labend,

Die Stätte dort

Mit frischem Leben lind

Uns neu begabend –

Ibn Zuhr

DIE SEELE DER PFLANZEN

Im 11. Jahrhundert brachten arabische Gelehrte und Alchemisten ihren Wissensschatz über Herstellung und Verwendung von Essenzen nach Europa. Sie lehrten ihre Kunst an den von ihnen gegründeten Universitäten in Spanien. Bis heute sind uns ihre kostbaren Erfahrungen mit ätherischen Ölen erhalten. Gerade in der psychologischen Aromatherapie werden alte alchemistische Einteilungen

Die Seele ist wie ein Wind
der über die Kräuter weht,
und wie ein Tau
der auf die Gräser träufelt
und wie die Regenluft
die wachsen macht
genauso ströme der Mensch sein
Wohlwollen
aus auf alle
die da Sehnsucht tragen...

Hildegard von Bingen (1098 – 1179)

und Anwendungskategorien weiterhin lebendig und in Heilmethoden unserer Tage wieder aktuell. Dabei macht man sich folgende alchemistische Sichtweise zunutze: Grundstoff der Materie sind die vier Elemente: Erde, Wasser, Feuer, Luft. Der Veränderungsprozess der Materie wird durch drei Prinzipien verursacht, die alles durchdringen und bewegen: Sal, der Körper, ist das Prinzip der Verfestigung, des Festhaltens. Sulphur, die Seele, ist das Prinzip der Auflösung, der Verflüchtigung. Das dritte Prinzip, Mercurius, der Geist, verbindet die beiden entgegengesetzten Energien Sal und Sulphur miteinander und gleicht aus. Krankheit wird definiert als Folge des aus dem Gleichgewicht geratenen Verhältnisses der Elemente und Prinzipien zueinander.

Auf der Suche nach dem Sulphur der Pflanze, d.h. nach der Seele der Pflanze, wurde – so heißt es – die Destillation entwickelt: Mit Hilfe aufsteigenden Wasserdampfes lösten die Alchemisten die flüchtigsten Teile, die ätherischen Öle, aus den verschiedenen Pflanzen. Dieses ätherische Öl, die Seele der Pflanze, verwendeten sie zum Heilen, ganz besonders auch, um harmonisierend auf die Seele des Menschen einzuwirken. Der große persische Heiler Avicenna (980 – 1037) gilt als Erfinder der Destillation zur Gewinnung von Pflanzenessenzen. Er war es auch, der zum ersten Mal über die feinstoffliche, harmonisierende Wirkung ätherischer Öle schrieb und lehrte und sie bei seinen Patienten anwendete. Von ihm wissen wir, daß durch Essenzen das Gleichgewicht innerhalb der vier Elemente und drei Prinzipien in unserem Körper wieder hergestellt und erhalten werden kann. Viele Therapeuten, die mit Pflanzenessenzen besonders in der psychologischen Aromatherapie arbeiten, stellen ebenso fest, daß ätherische Öle einen tiefgründigen Wandlungsprozeß in Richtung Harmonisierung auslösen können. Paolo Rovesti, Professor an der Universität Mailand, der mit Erfolg ätherische Öle in der Psychiatrie einsetzte, beschreibt dieses Phänomen so: "Die Patienten fühlen sich durch das Parfüm oder die ätherischen Öle wie in eine andere, angenehmere und akzeptablere Welt befördert, sodaß viele ihrer übersteigerten Instinkte gezügelt werden und sie langsam zurück zur Normalität kommen."

Viele Krankheiten haben ihren Ursprung im seelischen Bereich. Es gibt jedoch wenig

Du spürst,
wie die Blumen ihre köstlichen Düfte versenden,
und grübelst,
wie aus so winzigem Ort dieser Duftstrom
mag kommen –
begreif, daß in solcher Mitte
die Ewigkeit ihre vergänglichen Tore öffnet.

William Blake

natürliche Medikamente, die auf dieser Ebene heilend einwirken. Deshalb sind gerade ätherische Öle für uns ein besonders wertvolles Geschenk, das wir mit Dankbarkeit und Achtsamkeit verwenden sollten. Therapeutische Kenntnis oder Praxis sind nicht die alleinige Vorraussetzung, die harmonisierenden Kräfte der Essenzen erfahren zu können. Schon der spielerische Umgang mit ihnen, etwa ihre Verwendung als Naturparfüms, regen unsere Freude, Offenheit und Selbstheilungskräfte an. Eine Medizin, die duftet, wird uns durch die Essenzen geschenkt, eine Medizin, die wir genießen, mit der wir uns und andere verwöhnen dürfen, die uns sinnlich und besinnt stimmt.

Viele Menschen haben mir berichtet, daß sie sich wohler und freudvoller fühlen, seitdem sie sich mit Essenzen umgeben. Dieses Wohlgefühl durch Wohlgerüche erklärt die alte alchemistische Erfahrung: Ätherische Öle, Seele der Pflanzen, sind Nahrung für die Seele der Menschen. Das intensive Kraftfeld der Essenzen überträgt sich auf den Menschen und stärkt unsere Lebenskraft und Lebensfreude. Wir haben Nahrung für all unsere leiblichen Bedürfnisse, doch es gibt wenig Nahrung für unsere Seele. Wir leben in einer seelenlosen und rastlosen Zeit. Ist es da nicht ein Geschenk des Himmels, daß wir gerade jetzt wieder das alte Wissen vom Gebrauch der Essenzen entdecken und ihm unsere neuen Erfahrungen hinzugefügt werden?

Ausgehend von der Zuordnung der Pflanzen und Essenzen zu den Elementen und Prinzipien können wir jeder Essenz ein bestimmtes Temperament zuordnen. Jeder Pflanzenduft drückt in konzentrierter Weise die Persönlichkeit und den Charakter der Pflanze aus. Dieses Grundmuster der Pflanzenseele wird über den Duft in die Zentren unserer Gefühlsentstehung, in unser limbisches System getragen und dort ausgewertet. So können wir unseren gefühlsmäßigen Erlebnisbereich vergrößern und auch ganz bewußt unsere Grundstimmung verändern.

SPIEL MIT DEN ELEMENTEN

Stellen Sie sich vor, sie betreten im Orient einen Laden, in dem es die köstlichsten, wohlriechendsten Essenzen zu kaufen gibt. Die zierlichen Fläschchen sind jedoch mit seltsamen Schriftzeichen in einer Ihnen vollkommen unbekannten Sprache beschriftet. Für die Duftmischungen möchten Sie gerne einige dieser orientalischen Duft-Köstlichkeiten erstehen. Die Namen der Essenzen sind jedoch nicht herauszubekommen. Der wortreiche Ladenbesitzer zeigt sich beflissen, ist Ihrer Sprache aber nicht mächtig. Deshalb sind Sie auf Ihre Nase angewiesen.

Hierfür möchte ich Ihnen jetzt ein altes und bewährtes System vorstellen, das Sie anwenden können, um die richtige Auswahl der Essenzen zu treffen: die Elementenlehre. Sie läßt sich bis auf Aristoteles und Hippokrates zurückverfolgen. Auch Heiler aller alten Kulturen kannten und verwendeten dieses System. Die Elementenlehre ist kein starres System. Wir können vielmehr mit ihr arbeiten, um eigene Erfahrungen zu machen. Sie eignet sich besonders gut zur Duftordnung. Die vier Elemente Erde, Wasser, Feuer, Luft zeigen sich auf körperlicher, psychischer und geistiger Ebene. Dabei bilden die Elemente Feuer und Wasser, sowie Luft und Erde jeweils ein Gegensatzpaar. Jede Erscheinung kann als Mischung der vier Elemente angesehen werden, wobei häufig das eine oder andere Element überwiegt. Dadurch bildet sich ein besonderer Ausdruck, eine spezielle Qualität oder ein einmaliger Charakterzug. Dieses System verwendete man zur Einteilung von Menschentypen, Krankheiten, Pflanzen und auch ätherischen Ölen. Die daraus entwickelte Heilkunde, die Humoralpathologie, hielt sich bis Anfang des 19. Jahrhunderts. Sie wurde dann vom Periodensystem Mendelejews abgelöst. Die Elementenlehre ordnet den vier Elementen auch die vier Jahreszeiten und die vier Temperamente zu.

Wie könnte wohl ein Mensch wirken, in dem das *Element Feuer* überwiegt? Sicher sind Sie ihm schon einmal begegnet, er ist nicht zu übersehen: dynamisch, tatkräftig, energiegeladen, schnell in seinen Handlungen. Viele zieht er durch seine vitale Spannung in Bann. Sein

Temperament nennt man «cholerisch», nach dem Organ Galle, das diesem Element besonders entspricht. «Feuermenschen» geht wirklich manchmal die Galle hoch. Dann können sie zornig, ärgerlich und aufbrausend werden. Dem Feuerelement ordnet die Astrologie die Tierkreiszeichen Widder, Löwe, Schütze zu. Für eine Duftmischung, die den Charakter dieser Menschen unterstreichen soll, wählen Sie Essenzen, die ebenfalls dem Feuerelement zugeordnet sind. Sie können diese auch als Ausgleich für Menschen gebrauchen, die zu sehr im Wasserelement leben und Feuerelement entwickeln sollten. Essenzen, die dem Feuerelement zugeordnet sind, haben häufig einen scharfen, sehr heißen, intensiven Duft. Sie vermitteln Fülle und beanspruchen einen gewissen Raum für sich. Prüfen Sie doch selbst einige Essenzen, ob Sie diese «Feuerdüfte» mit der Nase herausfinden können. Es wird ihnen glücken, auch wenn Sie die Beschriftung auf dem Fläschchen im orientalischen Basar nicht lesen können. Einige Feueressenzen möchte ich ihnen verraten: Kalmus, Rosmarin, Weihrauch, Thymian und Ingwer.

Das *Element Wasser* zeigt sich als Temperament ganz anders. Wasserbetonte Menschen sind eher zurückhaltend und erfassen ihre Welt mehr gefühlsbetont. Sie können Einfühlungsvermögen haben und intuitiv, ja sogar sensitiv veranlagt sein. Hier gilt auch: Stille Wasser gründen tief. Manchmal sind diese Menschen jedoch so verträumt, daß sie etwas realitätsfremd wirken. Dem Wasserelement entspricht das «phlegmatische Temperament». In der Astrologie ordnet man ihm die Tierkreiszeichen Krebs, Skorpion und Fisch zu. Die ätherischen Öle, die besonders der Wesensart dieses Elementes entsprechen, sind weich und anschmiegsam, ähnlich dem Wasser, das sich allem anpaßt. Es sind blumige Düfte, die unser Herz, unseren Gefühlsbereich ansprechen, die in uns Liebe und Hingabe wecken. Zu diesen Düften gehören Geranie, Rose, Jasmin, Benzoe. Mit diesen ätherischen Ölen können Sie eine Komposition schaffen, die die Ausstrahlung von Menschen unterstreicht, die besonders vom Wasserelement geprägt sind. Für «Feuermenschen» könnten solche Düfte einen Ausgleich schaffen, wenn ihr Feuer sie zu extremen Gefühlen wie Ärger oder Zorn führt.

Menschen, die dem *Element Luft* zugehörig sind, zeigen sich beweglich, spontan und offen für Neues. Sie können scheinbar unvereinbare Dinge miteinander verbinden. Kontakt zu anderen Menschen fällt ihnen nicht schwer. Ihre Aufgeschlossenheit wirkt ansteckend. Zum Luftelement gehören die Tierkreiszeichen Zwilling, Waage und Wassermann. Es wird auch dem «sanguinischen Temperament» zugeordnet. «Luftmenschen» müssen manchmal aufpassen, daß sie den Boden unter den Füßen nicht verlieren, sich nicht in ihren Ideen verirren. Hilfreich zur Erdung sind Essenzen aus z.B. Vetiver und Zeder. Luftige Essenzen zeichnen sich durch einen hellen, leichten Duft aus. Viele davon haben eine anregende Wirkung auf unseren Geist, inspirieren und regen zum Denken an und lassen uns dabei nicht zu schnell müde werden. Sie stammen meist aus dem Bereich der Kopfnoten (siehe Kapitel «Partitur der Düfte»), stimmen uns heiter und leicht und helfen uns aus Depression und Schweregefühl. Sie unterstreichen einen leichten, beweglichen Charakter und wirken ausgleichend für Menschen, die zu extrem vom Erdelement beeinflußt sind. Zitrone, Bergamotte, Lemongrass zählen zu den luftigen Essenzen. Luftbetonte Menschen lieben auch ausgefallene und verwegene Duftkompositionen und tragen diese mit lässiger Selbstsicherheit. Ihr Parfüm unterstreicht ihre oft nicht alltäglichen Leidenschaften.

Den Gegensatz dazu bildet das *Element Erde*. Dazu gehören Menschen, die u.a. realistisch, zuverlässig und ausdauernd sein können. Sie stehen eben fest auf der Erde und verkörpern das Prinzip der Stabilität, entwickeln Hingabe und Hilfsbereitschaft und schätzen auch die Sicherheit. Erdmenschen können jedoch darunter leiden, daß sie sich zu schwerfällig, zu unbeweglich fühlen. Dann neigen sie zu Depressionen und verfangen sich in ihrer eigenen Traurigkeit. Für eben beschriebene Typen eignen sich luftige Essenzen, die hier Er-leichterung schaffen. Oder lassen Sie sich doch von einem luftbetonten Menschen inspirieren!

Dem Erdelement sind das «melancholische Temperament» und die Tierkreiszeichen Stier, Jungfrau, Steinbock zugeordnet. Die zugehörigen Düfte sind irdisch, schwer, manchmal sehr körperlich und unergründlich geheimnisvoll. Sie duften oft wie die Erde selbst, zum Beipiel Vetiver, Patchouli oder Styrax. Sie unterstreichen den Charakter erdbetonter Menschen und sind ein harmonisierender Ausgleich für zu luftige Menschen. Diese Essenzen sind meist im Bereich der Basisnoten zu finden. Auch sehr süße und sinnliche Düfte sind mit dem Erdelement besonders verbunden. Diese Düfte sind häufig dann so erotisch, daß sie fast schwindelig machen.

Nach dieser Einführung in die Elementenlehre dürfen Sie nun Ihre Nase zu Rate ziehen, um die den Elementen entsprechenden Düfte zu finden. Ob Sie nun in einem orientalischen Basar oder in einem bayrischen Duftladen stehen, es gelten die gleichen Gesetze. Mit den elementebezogenen Essenzen können Sie nach einiger Übung ein passendes Duftkleid, ein duftendes Portrait von sich oder anderen ganz gezielt komponieren. Beobachten Sie ein wenig die Menschen um sich herum! Welches Element überwiegt? Welche Düfte könnten passen? Welcher Duft stünde Ihrem realistischen Steinbock-Nachbarn oder Ihrer verträumten Fische-Freundin? Genießen Sie einmal das Spiel mit Düften und Elementen!

Sommernacht

Getaucht in den Sophoren Juniblütenhauch,
wars mir, als riesele ein dunkler kühler Duft
aus deinem Haar. Und unser Himmel war
ein rundes grünes Schattenfirmament –
ein Sternenlächeln deine Augen.

Ho Tschinfang

STEINE UND DÜFTE

Zwei Kostbarkeiten, die die Natur uns schenkt, sind die Düfte der Pflanzen und die edlen Steine. Ein ungleiches Paar, denn beide stehen sich konträr gegenüber auf der Skala all der Erscheinungen, die die Schöpfung hervorbringt. Die Düfte, die ätherischen Öle, sind das Flüchtigste, «Himmlischste», das uns im Garten der Natur begegnet: unsichtbar, ungreifbar, mit dem Bestreben, sich sogleich mit dem Äther zu verbinden. Die Steine hingegen sind feste Materie, greifbar, unbeweglich, scheinbar zeitlos. Merkwürdig, Gegensätze haben geheimnisvolle Verbindungen, ziehen sich an, suchen ihre Entsprechung und bilden im Zusammenkommen, im Verschmelzen eine neue Dimension. So hat jeder der beiden Unzuvereinbarenden seine Entsprechung im anderen.

Der schöpferische Umgang, das Spiel mit Duft und Stein inspiriert uns zum Verständnis für die Verwobenheit aller Dinge. Wir finden uns wieder im Kreislauf der Elemente und der Prinzipien (siehe Kapitel «Die Seele der Pflanzen»). Sulphur, das Flüchtige, sind die Düfte. Sal, das festigende Prinzip, sind die Edelsteine. Merkur, der «Zauberer», der alles zusammenbringt, sind wir selbst.

Wenn wir die Steine von außen betrachten, erscheinen sie uns als leblose, unbewegliche Materie. Doch sie haben bereits Jahrmillionen «durchlebt». Die unermeßlichen Kräfte der Erde, ihre Bewegungen, ihr Feuer im Inneren, Hitze, Druck und eine unendlich lange Zeit des Erstarrens und Wachsens haben den Stein, so wie er vor uns liegt, geformt. Kosmische Kräfte, Einflüsse der Planeten und der langsame Atem der Erde begleiten sein Werden. So vieles hat der Stein in sich gespeichert. Eine ereignisreiche Geschichte könnte er uns erzählen. Unsere eigene klänge wie die einer Eintagsfliege, wollten wir uns vergleichen. Der Herzschlag der Schöpfung pocht in jedem Stein, der wie alles der Veränderung entgegenschwingt. Alles ist Schwingung! Nähmen wir zum Beispiel einen scheinbar festen Tisch auseinander, zerlegten ihn in immer kleinere Teilchen, so sähen wir zuletzt mit einem Elektronenmikroskop nur noch winzigste Teilchen in ständiger Bewegung. Und irgendwann einmal lösen selbst diese sich auf. Als vor einigen

Jahren Forscher mit einem Zyklotron nach den letztendlichen Bausteinen der Materie suchten, mußten sie feststellen, daß nach dem Zerschmettern der kleinsten Teile der Atome nicht etwa noch kleinere Teile übrigblieben, sondern daß sich die Materie völlig im Raum auflöste. Unsere Augen und unser Geist sind darauf fixiert, alles als bleibend und fest zu sehen.Das freie Spiel der Dinge bleibt unseren beschränkten Sinnen verborgen. Edelsteine und Essenzen jedoch können uns etwas über die Zeitlosigkeit des Augenblicks und die Beständigkeit der Veränderung lehren.

Steine schwingen sehr exakt. Jede Quarzuhr birgt in sich einen Kristall, dessen Schwingung so präzise ist wie kein mechanisches Uhrwerk sein kann. Jeder Stein hat seine eigene Schwingung. Ein Türkis, zum Beispiel, hat eine andere als ein Kristall. Das Wissen um die verschiedenartige Schwingung der einzelnen Steine, ihre entsprechende Wirkung und Heilkraft, war den Menschen früherer Zeiten bekannt: Sie waren «spüriger» als wir. Heute haben wir unsere Sinne in Form von feinsten Meßinstrumenten erweitert. Die neueste Strahlenforschung kann mit der Technik der Kirlianphotographie, mit dem Plasmaprint- und Colorplate-Verfahren das bioenergetische Strahlungsfeld, also die Ausstrahlung der Steine photographisch sichtbar machen. Dank dieses wissenschaftlichen Verständnisses und einer erweiterten Sichtweise eröffnen sich uns ganz neue Welten. Die scheinbar unbelebte Natur, wie die der Steine, wird zum lebendigen, vibrierenden Energiefeld. Die energiegeladenen Edelsteine geben ihre Kraft an die Energiezentren in unserem Körper weiter und beeinflussen unser Wohlbefinden; genauso wie die Essenzen mit ihrer intensiven Schwingung auf uns wirken, unsere Stimmungen verändern, uns stärken, beruhigen, anregen... Wir können also beides, Duft und edlen Stein, tragen, um unsere eigenen Energiezentren zu kräftigen. Der Edelstein, am Körper getragen, kann auch die Wirkung der entsprechenden Essenz in unserem Körper vertiefen. Seine Schwingung gleicht einer ständig wiederkehrenden Welle, die langsam eine «Form» schafft, die Stimmungen erzeugt oder unterstreicht. Duft und Edelstein zusammen bringen einen neuen Erlebnisimpuls. Der Schönheitssinn wird ebenso verstärkt, denn die Steine erfreuen unser Auge durch ihre Formen- und Farbenvielfalt. Eine Freude für Auge und Nase zugleich! Wählen Sie Edelsteine, die Ihnen besonders gefallen! Stöbern Sie in Mineralienläden oder auf einer Mineralienausstellung. Es muß nicht gleich ein teurer Diamant sein, gibt es doch wunderschöne Halbedelsteine und Edelsteine zu erschwinglichen Preisen. Legen Sie sich eine kleine Sammlung an, für sich und als Möglichkeit für spontane Geschenke! Sie können den Stein auch nach Element oder Tierkreiszeichen auswählen. Oder suchen Sie den Stein Ihrem Lieblingsduft entsprechend aus! Lieben Sie zum Beispiel Rosenduft, so wählen Sie passend dazu den Rosenquarz. Sagt Ihnen frischer Minzduft eher zu, dann entspricht mehr gletschergrüner Fluorit. Weitere Zuordnungen von Stein und Duft finden Sie im Kapitel «Düfte aus dem Garten der Natur». Tragen Sie beides zugleich, Stein und Duft! Schaffen Sie eine Duftkomposition, die genau einem Stein oder gar mehreren, als Kette getragen, entspricht! Lassen Sie sich bei der Wahl von Ihrer Intuition und Freude leiten!

"Von unseren fünf Sinnen ist der Geruchssinn sicher derjenige, der den besten Eindruck der Unsterblichkeit vermittelt."

Salvador Dali

HIRNGESPINSTE

Wie können Düfte uns Inspiration schenken, in uns Phantasie wecken, unseren Atem, unsere Verdauung beeinflussen? Können sie bewirken, daß wir heiter, verliebt oder beruhigt sind? Sind das nicht Hirngespinste? Doch – es sind welche! Ich kann sie Ihnen sogar erklären, ohne dabei nur einen Zoll von der Wissenschaftlichkeit abzuweichen. (Passen Sie jedoch auf, daß Sie Ihr Staunen über die wohlriechenden Essenzen dabei nicht verlieren, denn dies ist eine der Eigenschaften, die uns nicht alt werden lassen.)

Wir riechen unübersehbar mit der Nase. Doch die wenigsten von uns wissen, daß das wirkliche Geruchserlebnis in unserem Gehirn stattfindet. Die Nase hat dabei die erste Zubringer- und Sortierfunktion. Duftmoleküle, die z.B. von einer Blume oder einem Menschen verströmt werden, gelangen durch das Einatmen in unsere Nase. An deren oberem Ende befindet sich etwa auf der Höhe der Nasenwurzel jeweils links und rechts eine fingernagelgroße Riechschleimhaut. Sie ist eine Besonderheit in unserem Körper, denn sie besteht aus Gehirnzellen. Außerdem ist das Riechen der einzige Sinn, der eine direkte Verbindung zum Gehirn hat. Nirgendwo sonst hat unser Gehirn einen direkten Kontakt mit der Außenwelt. Dieser scheint unserem Körper besonders wichtig, denn er erneuert die Nervenzellen alle 28 Tage. Die Riechschleimhaut in unserer Nase besteht aus ca. 10 Millionen Zellen, die von einer feinen Schleimschicht bedeckt sind. Jede Nervenzelle trägt ein Büschel von sechs bis acht Flimmerhäarchen, von denen jedes auf seiner Oberfläche zahlreiche Rezeptoren trägt. Diese bis zu 80 Millionen Härchen bilden ein kaum vorstellbares sensibles Analysesystem für die aufgefangenen Duftmoleküle. Es kann unendlich viele Informationen aufnehmen und reagiert schon auf allerfeinste Reize. Die Informationen, aufgenommen von den Duftmolekülen, umgewandelt durch die Nervenzellen in elektrische Reize, weitergegeben an Nervenbahnen, die gebündelt das Siebbein durchlaufen, gelangen in unser Schädelinneres. Vom Riechbalken werden sie direkt ins Innere unseres Gehirns geleitet. Die Riechsinnesreize laufen nicht wie die des Augen-,

Höhr- und Tastsinnes über das Kontrollsystems des Großhirns, wo sie gefiltert und bewertet werden, bevor sie Reaktionen auslösen. Eine Botschaft, ausgelöst von Duftmolekülen, wird unzensiert direkt ins Zentrum unseres Gehirns geleitet, ins Limbische System. Dieses sogenannte «Tor zum Bewußtsein», ein komplexes Netzwerk und Gespinst von Nervenbahnen, ist ein Teil unseres Stammhirnes, und zwar der entwicklungsgeschichtlich älteste Teil. Aus diesem hat sich anschließend das Großhirn wie eine Krone entwickelt. Unser Denken fußt demnach im Riechen und wird von daher teilweise stimuliert. Lange, bevor Lebewesen sehen, hören, denken konnten, verständigten sie sich über das Riechen.

Die vielfältigen Funktionen des Limbischen Systems lassen uns leicht verstehen, warum Düfte so tief berühren können. In der Wurzel und dem Stamm des Gehirns sitzen die Schaltzentralen für vieles, das unser Lebensgefühl beeinflußt. Hier wird unser vegetatives Nervensystem gesteuert und kontrolliert, das für all jene Körperfunktionen zuständig ist, die sich unserem bewußten Willen entziehen. Dazu gehören unter anderem Atem- und Herzfrequenz, Körpertemperatur und Verdauung. Insbesondere durch den Einfluß des Limbischen Systems auf den Hypothalamus und die Zirbeldrüse ergeben sich Reaktionen auf Nerven, Atmung, Wasserhaushalt und Körpertemperatur. Diese Tatsache macht verständlich, wie Düfte unseren Atem vertiefen, die Herzfrequenz beeinflussen oder unsere Nerven bei Streß beruhigen können. Im Limbischen System sitzen außerdem Zentren, die Gefühle von Sympathie und Antipathie zulassen. Manchmal begegnen wir Menschen, die wir einfach «nicht riechen können». Im Limbischen System sitzt auch das Zentrum für die Motivation, die eine Handlung so einfärbt, daß wir dabei Freude oder Langeweile empfinden. Sie scheint ebenfalls über Düfte beeinflußbar zu sein. Wirklich, Düfte können uns anregen, sie beschwingen und schenken uns Begeisterungsfähigkeit.

Duftmoleküle haben Zugang zu unseren geheimsten Kammern, die wir eigentlich als «top-secret» verschlossen halten sollten. Im Limbischen System liegt auch die Quelle unserer erotischen und sexuellen Kraft und Energie. Düfte stimulieren die Drüsen, deren Hormone Ausdruck und Qualität unserer Sexualität bestimmen.

Sicher werden Sie bemerken, daß insbesondere Freude und Begeisterung durch die ätherischen Öle angeregt werden. Wissenschaftler führen diese Tatsache jedenfalls darauf zurück, daß Düfte eine Ausschüttung von Endorphinen stimulieren können. Diese freudespendenden Hormone vermögen seelische und körperliche Glücksgefühle auszulösen. Wir fühlen uns im Gleichgewicht, wenn unsere Endorphinausschüttung normal ist. Bei verminderter Ausschüttung neigen wir zu Depressionen, Wohlbefinden weicht Melancholie und Angst. Daß eine Reihe von Essenzen antidepressiv wirken, hängt mit ihrer Wirkung auf die Endorphinausschüttung zusammen. Aromatherapeuten bestätigen hierbei immer wieder, daß Essenzen jedoch nicht abhängig machen. Auch im körperlichen Bereich bewirken Endorphine Entspannung und Wohlgefühl. Sie entkrampfen unsere Organe und lockern die Skelettmuskulatur. Eine Massage mit den duftenden Essenzen ist wirklich eine Freude für Körper, Geist und Seele.

Erdbeeren glühn im Garten.
Ihr Duft ist süß und voll,
Mir ist, ich müßte warten,
Daß durch den grünen Garten
bald meine Mutter kommen soll.
Mir ist, ich bin ein Knabe
Und alles war geträumt...

Hermann Hesse

Im Gespinst unseres Limbischen Systems gibt es außerdem einen Bereich, der für unser Langzeit- und Kurzzeitgedächtnis zuständig ist. Alle Begebenheiten, die uns seit unserem ersten Lebenstag berührt haben, sind in Verbindung mit Gerüchen wie in einem geheimen Bilderarchiv gespeichert. Was keinem

Hacker gelingt, schaffen Düfte. Sie können Bilder, Situationen, Stimmungen, die gespeichert sind, abrufen. Ein Duft kann uns plötzlich in unsere Kindheit zurückversetzen. Beim Riechen gibt es keine Zeit. Wir können durch einen Geruch etwas Vergangenes so intensiv fühlen, als ob es soeben mit uns geschähe. Dieser verblüffende Effekt wird auch «Marcel-Proust-Phänomen» genannt. Der bekannte französische Schriftsteller beschrieb in seinem Werk «Auf der Suche nach der verlorenen Zeit» sehr bildhaft solch ein Dufterlebnis, das ihn in die Kindheit zurückführte. Er tauchte einen bestimmten Bisquit in Tee ein. Als ihm dieses Aroma in die Nase stieg, überwältigte ihn eine Flut von Kindheitserinnerungen und das Gefühl einer behüteten, glücklichen Kindheit.

Auch unser Kurzzeitgedächtnis steht in Zusammenhang mit dem Limbischen System. Es selektiert Erinnerungen und entscheidet über deren Transfer ins Kurzzeitgedächtnis. Einige Essenzen haben eine allgemein stärkende Wirkung auf unser Gedächtnis. Schon 1559 schrieb der deutsche Kräuterfachmann Gesner

Immortellen

Seine goldblonden Locken, sein Schnurrbart,
seine geistvolle Nase, der Mund,
sein Vergißmeinnichtblick, seine Stimme
und sein neufundländischer Hund.

Ich muß noch oft daran denken
und atme im Geiste noch schwach
den Duft ein von seinen Zigarren
– er kaufte sie immer bei Bach.

Riech ich aufs Neue die Zigarren,
dann klopft mir das Herz plötzlich sehr.
Ist es, weil er sie geraucht hat,
oder war nur der Tabak zu schwer?

Piet Paaltjens

über die stärkende Wirkung der Rosmarinessenz auf unser Gehirn und Gedächtnis.

Das Limbische System ist – wie schon beschrieben – die Schaltstelle für unsere Gefühlsentstehung. Sie werden selbst erfahren, wie die wohlriechenden Essenzen Ihren Gefühlsbereich beeinflussen können. Ein weiteres interessantes Phänomen ist auch, daß die Verwendung ätherischer Öle eine Klärung des Geistes und ein allgemeines Wacherwerden fördert. Die bekannte Aromatherapeutin Marguerite Maury schreibt darüber: "Der Gebrauch von Düften schärft unsere Wahrnehmung, unser Bewußtsein wird wacher und man fühlt eine große Bereicherung." So gesehen hat das Denken auch im Riechen seine Wurzeln. Über Thalamus und Neocortex wird demnach durch Düfte unser Großhirnbereich stimuliert.

Haben Sie schon einmal versucht, Düfte zu beschreiben? Es wird Ihnen sicherlich schwerfallen. Unser Wortschatz entstammt hauptsächlich optischen Reizen. Für die reiche Bilder- und Gefühlswelt, durch Düfte in unserem Gehirn hervorgerufen, ist er meist unzulänglich. Nur wenigen ist es bisher gelungen, Düfte so zu beschreiben, daß sie der Leser wirklich riechen kann. Der französische Dichter Baudelaire ist bekannt für seine Duftbeschreibungen. Als Meister dieser Kunst erweist sich auch der zeitgenössische Schriftsteller Patrick Süßkind. In seinem Buch «Das Parfüm» läßt er uns an vielfältigsten Geruchserlebnissen teilhaben.

Versuchen Sie doch einmal, einige Düfte aus Ihrer Duftorgel zu beschreiben! Lassen Sie sich inspirieren zu Ihrer eigenen Duftsprache! Aus einem anfänglichen Kauderwelsch können hörenswerte Beschreibungen und schöpferische Wortspiele entstehen. Bereichern Sie Ihren Wortschatz und Ihre Sprache aus dem Reservoir der Düfte! Haben Sie Mut zu einem Hirngespinst, das manchmal sprachlos macht!

LOTUSTEICH DER ERINNERUNG

Ein Duft steigt uns in die Nase und plötzlich fühlen wir uns, wie von Zauberhand geführt, in eine schon längst vergangene Situation versetzt. Menschen erscheinen in unserer Vorstellung. Stimmungen, Gefühle, Phantasien werden wach, vergangene Kindheitserlebnisse tauchen vor unserem geistigen Auge auf. Ein Déja-vu-Erlebnis, das uns verblüffen kann. Eine längst erlebte Situation wird durch einen Duft so vergegenwärtigt, als ob wir sie gerade eben erlebten und keine Zeit zwischen damals und heute läge.

Jedem von uns ist sicherlich schon einmal passiert, daß Düfte Erinnerungen an Kindheit, Zuhause, Wald, Meer oder Verliebtsein wieder lebendig werden lassen. "Zuerst, wenn ich an diesen Tag denke, rieche ich Vanillepudding, eine warme und süße Wolke, die unter meiner Schlafzimmertür hereinkroch und mich an das gute Herz meiner Mutter gemahnte", schreibt Heinrich Böll in seinen Erzählungen «Als der Krieg ausbrach». Schließen Sie doch einmal die Augen und folgen Sie dem Stichwort «Kindheitserinnerung». Lassen Sie die unangenehmen und angenehmen Düfte aus der Vergangenheit auftauchen! Wie roch es im Elternhaus, zum Beispiel im Keller? Wie roch es, wenn Ihre Mutter ihre Lieblingsspeise kochte? War es der Duft von Vanillepudding wie bei dem kleinen Heinrich? Kann sich Ihre Nase noch erinnern wie Eltern oder Großeltern rochen, oder ein Sonntagsspaziergang, ein Zirkusbesuch? Wie rochen gar Maikäfer oder Marienkäferchen, die Sie einstmals in Ihrer kleinen Hand hielten? Düfte, die in uns intensive Gefühle aus unserer Kindheit wachrufen, reichen von bebender Glückseligkeit bis zur ohnmächtigen Traurigkeit. In der Weltliteratur finden wir interessante Beschreibungen solcher Dufterinnerungen. Häufig werden in den Schilderungen solche Düfte gewählt, die im Leser ähnlich berührende Erinnerungs-Gefühle entstehen lassen.

Tolstoi beschreibt in «Der Tod des Iwan Iljitsch» seine Erinnerung an Pflaumen: "Auf seinem Sterbebett bekam Iwan Iljitsch Pflaumen vorgesetzt und er erinnerte sich der feuchten, schrumpeligen, getrockneten französischen

Pflaumen aus den Jahren seiner Kindheit, an ihren besonderen Geschmack und daran, wie einem der Speichel im Mund zusammenlief, wenn nur noch der Kern übriggeblieben war. Und zugleich mit dieser Erinnerung tauchte eine ganze Serie von Bildern aus der gleichen Zeit auf: das Kindermädchen, sein Bruder, Spielzeug." Wissen oder riechen Sie, wie feuchte, getrocknete Pflaumen riechen? Jeder Mensch entschlüsselt Gerüche nach seinem eigenen Geheimcode und erlebt dabei seine ganz persönliche Dufterinnerung. Dem einen kann unter Umständen ein Duft sein ganzes Leben lang unangenehm sein, weil er an ein unerfreuliches Erlebnis erinnert. Für einen anderen kann der gleiche Duft herrlichste Assoziationen wachrufen und großes Vergnügen bereiten. Es gibt andererseits Düfte, die allgemein als angenehm empfunden werden und solche, die generell gegenteilige Reaktionen hervorrufen. Somit ist es möglich, die Düfte zu klassifizieren. Die Aromatherapie greift auf einen reichhaltigen Erfahrungsschatz zurück, den auch wir uns für den schöpferischen Umgang mit Düften zunutze machen können. Die Einordnung von Düften in angenehm und unangenehm ist auch völker- und länderspezifisch. In südlichen Regionen etwa schätzen die Menschen mehr schwere, erotische Düfte. Japaner bevorzugen feine, blumige Noten. Amerikaner lieben extrem fruchtige Düfte in Speisen, die wir eher als künstlich riechend ablehnen. Gehen Sie doch einmal Ihrer Nase nach, wenn Sie andere Länder besuchen! Entdecken Sie ein Land mit der Nase! Sie werden staunen, gleich nach der Grenze riecht es schon anders.

Jeder ist sein eigener Dschungel
und die größten Schätze
verbergen sich dort,
wo er am dichtesten ist
aber keiner wagt sich hinein
in die erinnerte Zukunft

Anette Christener-Ayasse

“Wenn nichts von einem Ereignis mehr geblieben ist, die beteiligten Mengen lange tot..., dann sind es Geschmack und Geruch alleine, die noch lange Zeit überleben, wie irrende Seelen, suchend, hoffend, wartend, erinnernd; und unverzagt tragen sie das riesige Gebäude der Erinnerung” so stellt Marcel Proust in seinem Werk «Auf der Suche nach der verlorenen Zeit» fest, wie Duft und Erinnerung in engem Zusammenhang stehen.

Wie kann im Moment gerochenes Erinnerungen an längst vergangene Jahre hervorrufen? Dieser Frage sind in den letzten Jahren viele Forscher nachgegangen. Sie haben Erstaunliches herausgefunden: Gerüche werden von frühester Kindheit an im Limbischen System, einem Teil unseres Gehirns, mit den dazugehörigen Situationen, Gefühlen und Phantasien gespeichert. Unauslöschlich werden die Duftinformationen im Gehirn fixiert. Unsere Nase hat ein erstaunliches Langzeitgedächtnis. Sie erinnert sich sogar an Erlebnisse aus einer Zeit bevor wir anfingen zu denken. Tausende von Gerüchen werden gespeichert und wiedererkannt, ohne daß wir all diese Gerüche je benennen können. Menschen, die sich nicht bewußt mit Düften beschäftigen, können ca. 35 verschiedene bewußt erkennen und beschreiben. Zählen Sie doch einmal bei sich nach! Im folgenden Bild können wir uns die Vorgänge, die bei den «gerochenen Erinnerungen» ablaufen, verständlich machen. Stellen Sie sich ein großflächiges, aufrecht gespanntes Netz vor, etwa wie hinter einem Fußballtor! Es ist das Netzwerk aller geheimnisvollen Verflechtungen unserer Erinnerung. Aus einiger Entfernung werden kleine Bälle auf dieses Netz geworfen. Manche treffen auf die Knotenpunkte, prallen zwar ab, versetzen jedoch das Netz in Schwingung. Ebenso berühren uns Düfte, versetzen uns unmerklich in Schwingung, selbst wenn wir uns dessen nicht bewußt sind. Im Umgang mit Essenzen erfahren wir ganz allgemein eine Intensivierung unserer Wahrnehmung, ein Einschwingen auf uns selbst und unsere Umwelt. Düfte regen unsere Intuition, Kreativität und Traumfähigkeit an, bringen unsere geheimen Saiten zum Schwingen. Sie lassen uns aus einer reichen Quelle schöpfen. Einige Bälle fallen durch die Maschen des Netzes in einen tiefen und geheimnisvollen See, den See unserer Seele. Er birgt all unsere persönlichen Erlebnisse, Eindrücke, Wünsche und Hoffnungen. Auch Träume, Mythen und archaische Bilder sind darin versenkt. Die Bälle lassen zuerst Wellen auf der Oberfläche des Sees entstehen und wirbeln dann am Grunde des Sees Schlamm auf, der nach oben steigt. Das heißt, Düfte, die wir gespeichert haben, lassen in uns Gefühle wie Wellen entstehen. Ebenso tauchen Bilder aus unserem Unterbewußtsein auf; Bilder, aus der Tiefe des Sees, von denen wir nichts mehr wußten. Bald wieder sinkt der Schlamm nach unten wie entstandene Bilder vor unserem geistigen Auge nur für Momente aufgetaucht sind. Und auf der Oberfläche des Sees blühen sogar wunderschöne Lotusblumen als Symbol für die kostbaren Geschenke, die im schöpferischen Umgang mit den Pflanzendüften «erblühen». Wir erleben dadurch Inspiration und Begeisterung und öffnen uns sogar für die Schönheit, die hinter den Dingen steht. Im Lotusteich der Erinnerungen liegen alle Möglichkeiten verborgen.

Bescheiden klopf ich wieder an dein Tor
und tret in den geliebten Garten ein,
Da atm ich meiner Jugend Lieblingsflor
Aus neue mit geschärften Sinnen ein.

Herüber duftet aus der Jugendzeit

Begeisterung entrückter Lesestunden

Doch hab ich nie so tief wie jetzt im Leid

Geliebter Dichtung innigen Wert empfunden...

TRÄUME UND MYTHEN

Die Nymphe Oenone verriet den Menschen, so erzählt eine griechische Sage, das Geheimnis des Parfüms. Sie soll genau erklärt haben, wie es zu gebrauchen ist. Seitdem haben die Menschen nicht vergessen, daß Göttinnen und Götter Wohlgerüche lieben, daß angenehme Düfte sie uns näher bringen. Ja, sie lassen sich sogar gnädig stimmen durch duftende Rauchopfer. In allen alten Kulturen werden deshalb Düfte benützt, um eine Verbindung zur geistigen Welt herzustellen.

Düfte dringen tief in unser Unbewußtes ein, dorthin, wo sich unsere eigene Geschichte in der Mythologie verliert. Sie sind Mittler für seelische Bereiche, in denen Träume und Märchen entstehen. In dieser uns so häufig verborgenen Quelle, in unserem Unterbewußtsein, kann der Schlüssel zum Verständnis unseres Taglebens liegen. Von dort kommen oft sogar Lösungen; aus einem tiefliegenden intuitiven Verständnis der Wirklichkeit heraus.

Träume, archaische Bilder und Mythen sind eng miteinander verbunden. Menschen früherer Zeiten wußten um diese Quellen und bedienten sich ihrer oft mit Hilfe von Düften. Seelische Inhalte tauchen dann aus den Tiefen des Unterbewußtseins in Form von Stimmungen, Gefühlen, Bildern, Phantasien oder mythischen Figuren auf. Wir können also duftende Pflanzenessenzen dazu verwenden, die Pforten zu unseren Träumen und unserem intuitiven Wissen zu öffnen. Die aufsteigenden Bilder geben uns Aufschluß über die Art der Tätigkeit unseres Unterbewußtseins. Häufig haben mir Menschen erzählt, daß sie durch Verwendung von Essenzen ihre Träume intensiver wahrnehmen, ja sogar farbiger träumten. Sie empfanden dies als Bereicherung ihres Lebens und fühlten mehr Kontakt zu ihrem inneren Reichtum.

Essenzen wirken besonders stark auf unser Unterbewußtsein, wenn sie von uns im Schlaf eingeatmet werden. Von einigen Essenzen weiß man, daß sie besonders unsere Traumtätigkeit anregen, oder daß sie direkte Wege zu Bildern in unserem Unterbewußtsein schaffen und uns diese im Bewußtsein spiegeln und klar machen.

Die Düfte von Rose, Iris und Narzisse werden in diesem Zusammenhang häufig erwähnt. Mit ihnen kann man eine «Vorbestellung freundlicher Träume» machen. Und es ist, als schlafe man im Zauber paradiesischer Gärten ein. Schon ein bis zwei Tropfen dieser Essenzen in der Duftlampe entfalten ihre Wirkung in der Nacht. In Sagen und Mythen heißt es, diese Düfte könnten uns in göttliche Gärten tragen, uns dort erquicken und beleben. Aus diesen Träumen sind vermutlich die unzähligen Beschreibungen der paradiesischen Gärten entstanden.

komm leise
in das Atemhaus
am Abendufer
da
schreibt dir die Nacht
Traumworte
die
trocknet die Frühe
zu Staub

Ulrike Seidel

Vom Duft der Melisse, so steht es in alten Kräuterbüchern geschrieben, ist Abhilfe bei Albträumen zu erwarten. Melisse scheint mit ihrem Duft tiefgelagerte seelische Ängste zu lösen. Neroli und Lavendel schaffen besonders erholsamen Schlaf. Die Essenz aus der Muskatnuß kann unsere Traumtätigkeit und die Erinnerung an Träume sehr verstärken. Lassen Sie sich einmal zum Träumen anregen und versuchen Sie, sich bewußt an die nächtlichen Bilder zu erinnern! Tauchen Sie hinab in die Tiefe Ihres Unterbewußtseins, um dort Ihren eigenen mythologischen Gestalten zu begegnen. «In Träumen spricht sich die Seele über sich selbst aus.», schrieb der große Psychotherapeut C.G.Jung. Bestellen Sie sich mit Hilfe der Essenzen angenehme Träume und einen erholsamen Schlaf! Lassen Sie sich durch phantasievolle Duftkompositionen dazu anregen. Lauschen Sie dann ihren Träumen. Träume, eingefangen in einem Flakon! In Japan kennt man ein Spiel, dessen Ursprung mehr als tausend Jahre zurückliegt. Es heißt «Am Weihrauch lauschen». Dabei wird ein Räucherwerk, kunstvoll aus verschiedenen

Zutaten zusammengestellt, entzündet. Die Spielteilnehmer lassen sich von den aufsteigenden Düften in ihre eigenen Phantasien forttragen und inspirieren. Mannigfaltige Bilder entstehen. Nach einiger Zeit wird jeder Teilnehmer aufgefordert, den Duft in Verbindung mit einer Sage oder einem Mythos zu benennen. Auf diese Weise können auch wir im spielerischen Umgang mit Düften uns der Bilder unseres Unterbewußtseins bedienen und dadurch unseren Alltag schöpferisch bereichern.

Frühlingsnacht

Das Räucherwerk verglimmt in goldener Schale.
Ein letzter Tropfen fällt – die Uhr verrann;
und aus dem Park weht uns mit einem male
ein kühler Hauch des Morgens an.

Wir waren wie betäubt. Vergebens hatten
wir den Schlaf gesucht: uns trug die Pracht in Bann.
An der Veranda ranken sich die Schatten
der Blütenzweige mondverfolgt hinan.

Wang An-Schi

ZÄRTLICHE BOTSCHAFTEN

Liebe macht blind, so heißt es, geruchsunempfindlich macht sie uns allerdings nicht.
Der sinnlichste unserer Sinne scheint ganz besonders darauf ausgerichtet zu sein, die geheimnisvolle Sprache der Düfte zu entschlüsseln, die von Zuneigung und Zärtlichkeit spricht. Zwei Millionen winzige Schweißdrüsen, die über unseren Körper verteilt sind, produzieren jenen einzigartigen Körperduft, jenes unverwechselbare Parfüm, das haargenau unserer Stimmung entspricht. Ein verliebter Mensch riecht ganz anders als ein verärgerter. Unser körpereigenes Hautparfüm scheint auch auf seine erotische Wirkung hin komponiert zu sein. Dafür sorgt unter anderem ein Anteil an Phenormonen, hormonähnlichen Duftstoffen. In unserem Körperduft sind unendlich viele Informationen über unsere seelische und körperliche Verfassung enthalten. Diese werden von den Menschen, die uns umgeben, mit seismographischer Genauigkeit über die Nase erfaßt. Die persönliche Duftaura schafft und prägt zu einem großen Teil die Atmosphäre, die einen Menschen umgibt, und die er selbst ausstrahlt. Sie ist ein Teil von jenem «gewissen Etwas», das uns aneinander fasziniert, das wir aber häufig nicht bewußt wahrnehmen und konkret beschreiben können, sondern intuitiv erfassen. Denn was man riecht, fühlt man zugleich. Finden wir jemanden hinreißend und sollten genau darlegen warum, kämen wir in Verlegenheit. Haben wir uns bereits verliebt, so ist es schon

Liebeslied mit Ungeduld

atme dich
an meine Seite
rasch
laß fallen deinen Schmerz
in meinen
von den Augenblicken
verliere keinen
es bleiben
nicht viele

Ulrike Seidel

zu spät, darüber nachzudenken. Über Abneigung und Entzücken entscheidet oft unsere Nase. Auch wenn uns Menschen unsympathisch sind, dann können wir sie einfach nicht riechen. Unsere Nase fällt ein Urteil, dem wir oft viel später erst mit unserem Verstand folgen können. Der Duftsinn scheint wirklich einen Teil unserer intuitiven Menschenkenntnis auszumachen. Dies hängt damit zusammen, daß in dem Teil unseres Gehirnes, in dem die Duftbotschaften eintreffen, die Schaltzentrale für unsere Gefühle, für Sympathie und Antipathie liegt. Das ist der Teil, der seit unserem ersten Lebenstag an ständig mit Informationen gefüttert wird und angenehme und unangenehme Situationen, verbunden mit Düften, speichert. So schöpft man, sich erinnernd, aus dem Erfahrungsschatz des eigenen Lebens.

Ein großer Teil der «fliegenden Duftbotschaften» spricht unsere Sinnlichkeit an, denn menschliche Zuneigung hängt – wie gesagt – eng mit Duft zusammen. Blumen und Tiere verströmen Düfte, um auf sich aufmerksam zu machen und anziehend zu wirken. Warum sollte es bei uns anders sein? Doch uns Menschen zwingen die Düfte nicht, sie machen geneigt. Aus einem bedingten Reflex, wie er bei den Tieren durch Gerüche ausgelöst wird, hat sich bei uns Menschen ein Geschenk von Zuneigung und Zärtlichkeit entwickelt. Ein Duft hat immer sein Echo bei demjenigen, dem er entspricht, sei es in Form von Zuneigung oder Abneigung. Nur wer füreinander bestimmt ist, mag sich gern riechen. Wir können unserer Nase dabei völlig vertrauen.

Der Duftsinn ist unser unmittelbarster Sinn. Er läßt die Distanz zum anderen wegfallen. Das Erlebte und derjenige, der erlebt, werden für einen Moment eins. Wir atmen den Duft eines Menschen ein und wir fühlen ihn im gleichen Augenblick. Wir können unseren Blick abwenden, unsere Hände zurückhalten, doch wenn wir aufhören wollten, zu riechen, müßten wir aufhören zu atmen. Wenn zwei sich riechen können, dann sind Duft, Zärtlichkeit und Hingabe eng miteinander verbunden und führen zu einem spontanen Verschmelzungserlebnis. Unser Körperduft ist etwas Lebendiges. Er hüllt uns und zugleich den Menschen ein, dem wir nahe sind. Nehmen Sie doch einmal bewußt die Duftaura der Menschen wahr, die um Sie herum sind. Wissen Sie wie die Schultern, der Haaransatz, die Arme Ihrer Partnerin, Ihres Partners duften? Entdecken Sie einmal den wonnigen Wohlgeruch, den Säuglinge an ihrer Kopfhaut verströmen. Nehmen Sie Duftfühlung auf, auch mit sich selbst. Können Sie sich gut riechen? Menschen, die mit sich selbst zufrieden sind, die in psychischem und physischem Gleichgewicht leben, empfinden meist ihren eigenen Körperduft angenehm. Sie werden entdecken, daß Sie bei Gefühlen wie Angst, Streß oder Liebe jeweils einen anderen Körpergeruch haben. Eine Krankheit kündigt sich schon vor ihrem Ausbruch durch den Hautduft an.

Menschlicher Körperduft ist in unserer Gesellschaft allgemein verpönt. Er wird mit Körperpflegemitteln aller Art unterdrückt. Sie sind meistens synthetisch beduftet und bewirken, daß einer so riecht wie der andere. Oft riechen sie penetrant und betäuben völlig unseren Eigengeruch. Unsere natürlichen Duftbotschaften werden unter synthetischem Apfel- und Zitronenduft begraben. Eine uns eigenartig anmutende «Körperlosigkeit» ist der Effekt. Viele Menschen spüren dies instinktiv und wählen deshalb ersatzweise Pflegemittel, die nach Moschus, Amber und Vetiver riechen. Doch auch diese meist synthetischen Düfte befriedigen nur wenige, die sich duftend pflegen wollen, ohne ihren eigenen Hautduft zu verleugnen.

Die natürlichen Düfte, die ätherischen Öle aus Pflanzen, bieten uns als Alternative eine reichhaltige Duftpalette, die wir für Parfüm und Pflege verwenden können, ohne daß wir alle gleich riechen, und ohne daß unser eigener Körperduft völlig unterdrückt wird. Wenn diese Öle richtig ausgewählt werden, verbinden sie sich mit unserem Eigengeruch und unterstreichen angenehm unsere persönliche Ausstrahlung. Wir können sie auf die vielfältigste Weise als Deodorant, Bade- oder Körperpflegemittel verwenden.
Viele dieser Düfte schaffen eine feine eroti-

sche Stimmung. Sie werden deshalb geschätzt und verwendet. Parfüms mit erotischer Ausstrahlung gab es schon in der Antike erwähnt. Das Geheimnis anziehender Frauen war seit eh und jeh ihr Duft. Auch Männer unterstrichen früher intensiv ihre Reize mit Düften. Warum wohl war Kleopatra so erfolgreich, wenn es darum ging, römische Kaiser weich zu machen und ganz nebenbei das gesamte ägyptische Reich zu retten? In Ägypten, ihrem Heimatland, galt ein Tag ohne Wohlgeruch als verlorener Tag. Es heißt, daß selbst die Segel ihres Schiffes beduftet waren, als sie Marc Antonius entgegenfuhr. Plutarch berichtet: "Selbst die Winde waren trunken von dem Parfüm, das ihr Schiff verströmte..." "Ein Parfüm ist das, was einer Frau vorausgeht, bevor sie kommt, und was bleibt, wenn sie gegangen ist," sagt ein großer italienischer Parfümeur sehr treffend. Es ist jedoch nicht nötig, gleich so duftgewaltig aufzutreten wie Kleopatra oder wie Napoleon, der jeden Tag eine Flasche Eau de Cologne verbrauchte. Ein Parfüm soll nicht benebeln, sondern dezent wirken und vornehm betonen. Unterstreichen Sie Ihre Persönlichkeit mit einer sinnlichen Duftaura aus edlen Pflanzendüften, die Sie auf sich persönlich abgestimmt haben. Lassen Sie sich zu Zuneigung und Zärtlichkeit anregen; beide tun uns als wichtige seelische Nahrung gut. Schenken Sie den Menschen, die Ihnen nahe sind, die Sie lieben, etwas von diesen kleinen Seligkeiten, die unsere Seele streicheln. Legen Sie ein Parfüm auf zu Ihrem und der anderen Gefallen. Schenken Sie Nähe und Berührung mit einer zart duftenden Massage. Senden Sie ein «Ich mag Dich» durch einen Hauch Duft auf dem Briefpapier als zärtliche Botschaft...

Zwar kenne ich
ihren duftenden Körper,
doch die Tiefe ihrer Liebe
kann ich nicht ermessen.
Aber mit Bildern hier auf der Erde
kann man sogar die Sterne am Himmel berechnen.

Tshangs dbyangs rgya mtso
(VI. Dalai Lama)

NATURPARFÜM – DAS UNSICHTBARE GEWAND

Schönheit und Duft der Blumen haben uns Menschen schon immer berührt. Für alle bedeutungsvollen Abschnitte im Laufe eines Lebens wie Geburt, Verliebtheit, Heirat und Tod verwenden wir Blumen als sinnvolle Beigabe dessen, was wir durch solche Ereignisse ausdrücken wollen. Wie häufig schon träumten Menschen davon, den Duft der Blumen einfangen zu können, um ihn dann verströmen zu lassen, darin zu schwelgen und bestimmte Stimmungen zu unterstreichen. Dieser Wunsch ist besonders heftig in Zeiten, in denen es draußen kalt und dunkel ist, und in denen man sich selbst schwer oder traurig fühlt.

Wie wunderbar, daß heute dieser Traum für uns in Erfüllung gegangen ist und wir die zauberhaften Düfte der Pflanzen wie Geschenke in die Hände gelegt bekommen. Diese Düfte sind ein Balsam für unsere Seele, denn ihr Wohlgeruch schenkt uns Wohlgefühl. Wir können uns mit ihnen schmücken wie mit Blumen. Wir können sie in die Luft unserer Räume legen und schon verwandeln sich diese auf wunderbare Weise in einen Rosengarten, ein Lavendelfeld oder einen Zedernwald. Wir verwöhnen damit uns selbst und andere.

Als einzelne Essenz oder besser noch als Mischung lassen sich die Pflanzendüfte als unser ganz persönliches Parfüm gleich einem unsichtbaren, duftenden Gewand tragen. Solch ein Parfüm unterstreicht unsere Persönlichkeit als erweiterte Ausstrahlung von uns selbst. Eine Botschaft und ein Geschenk zugleich, sich mit Lust zu verströmen und sich mitteilen zu dürfen.

Da natürliche Düfte unser Wohlbefinden und unsere Gesundheit fördern, vereinen sich in einem Naturparfüm zugleich Duft und Wirkung. Fast alle Parfüms, die wir heute kaufen können, beinhalten zum größten Teil synthetische Duftstoffe. Diesen fehlt die Lebenskraft der natürlichen Essenzen. Sie haben keinen Heilwert. Ja, wir wissen sogar, daß sie unserer Gesundheit nicht zuträglich sind. Ein natürliches ätherisches Öl ist ein sehr komplexes Gebilde. Es setzt sich aus hunderten von Bausteinen zusammen, von denen viele nur in winzigsten Anteilen vorhanden sind. Erst die Gesamtheit aller Bausteine macht das ätherische Öl zu dem, was es ist. So komplexe Duftstrukturen, wie sie die Natur schafft, konnte die Chemie bisher nicht nachbauen. Künstliche Düfte bestehen deshalb aus wenigen Bestandteilen. Sie riechen oft flach und leer. In einer großen wissenschaftlichen Untersuchungsreihe fand der englische Wissenschaftler R.W. Moncrieff heraus, daß natürliche Düfte im Gegensatz zu synthetischen Düften von Menschen als angenehmer und wohltuender empfunden werden. Anläßlich einer Fernsehsendung über Düfte ließ man vor kurzem Stuttgarter Passanten an Duftproben natürlicher und künstlicher Geruchsstoffe schnuppern. Fast alle Beteiligten bewerteten die natürlichen Düfte als angenehmer.

Parfüms wurden früher mit natürlichen Essenzen hergestellt. Künstliche Duftstoffe standen erst ab etwa 1930 für Parfüms zur Verfügung. Natürliche Düfte sind teuer. Ihre Qualität schwankt je nach alljährlicher Wetterlage. Die Parfümindustrie verwendet auch aus diesem Grund immer häufiger synthetische Duftstoffe. Mehr und mehr Produkte unserer Industriegesellschaft werden mit synthetischen Aromen beduftet. Besonders Lebensmittel, die durch Züchtung und Massenproduktion ihr eigenes Aroma verloren haben, werden reichlich «verbessert» durch naturidentische = künstliche Aromastoffe. Auch im Bereich der Körperpflege werden fast alle Produkte mit synthetischem Duft versehen. Wie erbärmlich, daß viele unserer Mitmenschen am Kopf nach seelenlosem, grünen Apfelaroma riechen, bedingt durch Billigshampoos, die damit beduftet sind! "Menschen dürfen nicht industriell riechen", meint der Schriftsteller Gerhard Zwerenz.

Wenn andere Geister auf der Töne
Flut sich wiegen,
So schwimmt der meine, oh Geliebte,
In deinem Duft

Baudelaire

Mit den ätherischen Ölen können wir uns selbst unser ganz persönliches Parfüm kreieren, das so einzigartig ist wie wir selbst. Das Naturparfüm kann sich mit unserem Hautgeruch so «einfühlsam» verbinden, daß dieser nicht völlig unterdrückt wird, sondern sich mit dem Parfüm verbindet. Beide, Hautduft und Parfüm, ergänzen sich. Die selbst hergestellten Duftmischungen erfreuen uns nicht nur als Parfüm, sondern können noch auf vielerlei Weise verwendet werden. Wir können unsere persönliche Duftaura erweitern und auf Räume übertragen oder die Dinge, die uns umgeben, duftend beleben. Hierfür einige praktische Tips:
Geben Sie für einen Raumduft in die Wasserschale einer Aromalampe einige Tropfen Ihrer Duftmischung. Die Essenzen sollten nicht mit Jojobaöl oder Alkohol gemischt sein. Eine Glühbirne oder Kerze in der Duftlampe erhitzt Wasser und ätherische Öle. Dadurch schweben die Duftmoleküle in die Raumluft.

Geben Sie Stimmungen und Ereignissen einen duftenden Ausdruck. Zum Entspannen in Wohnräumen wählen Sie weiche, ausgleichende Düfte, die aus der Rubrik der Herz- und Kopfnoten stammen (siehe Kapitel «Partitur der Düfte»). Verleihen Sie einem Abend doch einmal den Hauch einer tropischen Insel oder eines warmen Herbstes! Sie können die Duftmischung passend zur Jahres- oder Tageszeit «abstimmen». Für einen Kindergeburtstag eignen sich fruchtige Duftmischungen, um Freude und Heiterkeit der kleinen Gäste zu untermalen. Die kleinen Nasen sind sehr «wach» und werden den Raumduft sicher als Überraschung entdecken.

Für edle Bäder mit Ihrer persönlichen Duftnote verwenden Sie entweder Honig, Sahne oder eine neutrale Schaumgrundlage. Verrühren Sie in 3 – 4 Eßlöffel der jeweiligen Grundlage 10 – 15 Tropfen der reinen Essenzmischung (ohne Alkohol oder Jojobaöl). Diese Menge reicht für ein erquickendes, hautpflegendes Vollbad. Danach wird der Duft wie ein Hauch um Ihren Körper liegen. Wenn Ihr Haar nicht mehr nach synthetischem grünen Apfel oder künstlichem Ei-Cognac-Duft riechen soll, mischen Sie sich einfach Ihr eigenes Shampoo. Verschütteln Sie in einer unbedufteten Shampoo-Grundlage (siehe hierzu Bezugsnachweis am Ende des Buches) einige Tropfen Ihrer Essenzenmischung. Oder gefällt Ihnen Bettwäsche mit individuellem, dezenten Duft, der sich von jenem Weichspülergeruch unterscheidet, nach dem die Wäsche von Millionen anderer riecht? Geben Sie hierfür einige Tropfen Ihrer Duftmischung in den Weichspülerbehälter Ihrer Waschmaschine. Wie wäre es mit beduftetem Briefpapier, durch das den Leser Ihrer Zeilen ein Hauch Ihrer Persönlichkeit umweht? Sie stellen damit die alte Regel: 'Aus den Augen, aus dem Sinn' auf den Kopf. Denn mit Ihrem Duft berühren Sie auch sinnlich den Empfänger Ihres Briefes; eine Dimension mehr beim Lesen. Solch eine duftende Zauberei durch die Post ist ganz einfach: Geben Sie Ihr Briefpapier in eine gut verschließbare Metallschachtel, in deren Ecken mit einigen Tropfen der Duftmischung getränkte Wattebäuschchen liegen. Lassen Sie die Schachtel einige Tage lang verschlossen, bevor Sie Ihr duftendes Papier entnehmen.

Sie werden bemerken, daß sich durch die Verwendung ätherischer Öle in vielen Lebensbereichen Ihr Geruchssinn schärft. Sie nehmen differenzierter wahr. Immer öfter entdecken Sie «Duftfallen», durch die Sie motiviert werden sollen, Dinge zu kaufen, die Sie gar nicht brauchen oder wollen. Natürliche Essenzen öffnen uns auch für die Düfte in der Natur und laden uns auf Entdeckungsreisen ein, die unser Leben schöner machen. Gehen Sie bewußt auf einem Spaziergang der Nase nach! Genießen Sie den Duft frischgeschnittenen Grases oder der Blumen am Wegesrand. Wissen Sie, daß jede Baumart ihren eigenen Duft hat? Oder haben Sie sich schon in der Kunst des Wetterriechens geübt? Berauschen Sie sich an den Düften des Alltags! Schnuppern Sie an frischgebackenem Brot... Halten Sie Ihre Nase an eine Zitrone... Oder entdecken Sie den Geruch einer fremden Wohnung...

Als kaum es deinen Duft gespürt, der mit dem Ostwind hergeflogen,
Hat sich mein Herz von mir getrennt, ist dich zu suchen ausgeflogen.
Vergessen hat es längst nun schon den Leib, der einst ihm Heimat war,
Und hat zugleich mit deinem Duft dein ganzes Wesen eingesogen

Abu Sd'id Ibn 'L-Chair

PARTITUR DER DÜFTE

Wie ein Maler durch Farben sein Bild entstehen läßt, der Musiker Ton für Ton zu einer Melodie zusammen fügt, so komponiert der Duftkünstlers mit edlen Pflanzenessenzen sein Meisterwerk. Das Mischen verschiedener Essenzen zu einem harmonischen Duftkunstwerk ist wie Komponieren, nicht mit hörbaren Klängen, sondern mit riechbaren Duftnoten. Sie wirken im Zusammenspiel miteinander. Der harmonische Zusammenklang aller Komponenten läßt eine duftende Symphonie entstehen.

Die Kreation einer Duftmischung, eines Naturparfüms, ist eine Kunst, die unsere schöpferischen Kräfte fordert und unsere Erlebnisfähigkeit steigert. Sie öffnet uns für Freude und Schönheit und inspiriert unsere Sinne als duftende Zauberei. Jedes Hinzufügen einer weiteren Essenz bedeutet ein neues Dufterlebnis, das neue Räume für Assoziationen, Erinnerungen und Ideen erschließt und uns unseren inneren Reichtum entdecken läßt.

Beim Zusammentreffen der verschiedenen Essenzen werden ihre Molekularketten aufgebrochen und verbinden sich zu etwas Neuem, einem Duft mit einem eigenen Energiefeld und einer speziellen Ausstrahlung. So ist eine Duftkomposition mehr als die Summe ihrer Bestandteile. Wie beim Malen aus zwei verschiedenen Farben, zum Beispiel aus Gelb und Blau das Grün entsteht, so verbinden sich verschiedene Essenzen zu etwas vorher nie Gerochenem. Ein neues Erlebnisfeld entsteht. «Ein Parfüm ist ein Hauch von unbegrenzten Dingen.» schreibt der Dichter Baudelaire. Duftkompositionen üben – vergleichsweise zu Einzeldüften – eine besonders große Faszination auf unsere Psyche aus. Vielfältige Assoziationen werden hierdurch in unserem Geist geweckt und zu ihrer Verknüpfung untereinander angeregt. Eine interessante Bildkomposition regt unsere Sinne oft mehr an als die einzelnen Farben darin.

Nimm eine Rose und nenne sie
Lieder
und singe sie für die Welt.

Adonis

Unser Leben wird begleitet von unzähligen Duftmelodien, spontanen Schöpfungen und Geschenken der Natur. Es fehlt uns die passende Notenschrift, um sie aufzuschreiben. Glücklicherweise! Denn auf diese Art lernen wir die Schönheit des Augenblicks kennen: Der Duft eines lauen Sommerabends im Süden, eines frischen Morgens in den Wäldern des Himalaya, die Duftkomposition für einen Moment des Glücks oder des Leichtsinns oder jenen unbeschreiblichen Hauch von frischgefallenem Schnee. Diese wunderbaren Kompositionen haben der Wind und der Zufall zusammengestellt. Düfte nach wiederholbaren Regeln zusammenzufügen, Rezepte niederzuschreiben, um auch zu einem anderen Zeitpunkt den gleichen Duft wieder entstehen zu lassen, das haben schon die ägyptischen Parfümeure beherrscht. Wie wir wissen, gab es zu ihrer Zeit Parfüms mit bis zu 20 Ingredienzien.

Deine Lieder,
du Nacht über dem Meere,
sind Düfte aus fernen Gärten,
die aufschlagen ihre Zelte
um mich her

Sie ziehen weiter
vor Anbruch des Tages
Nomaden des Dunkels sind sie,
und kein Auge hat sie je gesehen

Anette Christener-Ayasse

Die drei Prinzipien

Damit wir Duftmischungen so komponieren können, daß sich alle Zutaten zu einem harmonischen Ganzen zusammenfügen, stehen uns einige Grundregeln zur Verfügung. Dadurch lassen sich eventuelle «Duftkatastrophen» vermeiden. Die wichtigste Grundregel stammt aus der Alchemie und folgt der Einteilung in die drei Prinzipien (Siehe Kapitel «Die Seele der Pflanzen»). Eine Komposition besteht demnach aus dem Körper = Basisnote, der Seele = Herznote und dem Geist = Kopfnote. Diese drei sind, musikalisch ausgedrückt, die drei Tempi: die Kopfnote schafft den ersten schnellen, flüchtigen Eindruck, etwas langsamer entfaltet sich die Herznote und erst später kommt die Basisnote zum Schwingen. Alle drei zusammen ergänzen und unterstreichen sich oder schaffen Spannung. Das Herausheben einer der drei Tempi kann die Stimmung, die Atmosphäre einer Duftmischung stark beeinflussen. Soll eine Mischung schwer und warm riechen, werden die Basisnoten betont, jedoch in einem gelungenen Wechselspiel mit Herz- und Kopfnoten. Soll eine Mischung eine Stimmung der Leichtigkeit und Heiterkeit vermitteln, dann werden die Kopfnoten betont, nicht jedoch, ohne von den Basisnoten dezent gezügelt zu werden. Mit Hilfe dieses Dreierprinzips kann man aus vielen verschiedenen Einzelölen eine harmonische und interessante Dufteinheit formen.

Die Duftorgel

Lassen Sie uns eine Duftorgel zusammenstellen, den Farbkasten des Duftkünstlers. In die unterste Reihe, z.B. eines kleinen Regals, stellen wir die Basisnoten, die in einer Orgel den ganz dicken Orgelpfeifen gleichkämen. Könnten die Fläschchen mit den Basisnoten Hörbares von sich geben, so hätten wir ein Konzert aus tiefen Tönen. Ja, es wäre auch ein Brummen zu hören. In der Aromatherapie sagt man, die Basisnoten haben eine tiefe, langsame Schwingung. Sie brauchen auch wirklich lange, bis sie sich in die Luft erheben und ihr Aroma entfalten. Die Basisnoten nennt man Fixateure oder Duftverzögerer, da sie lange auf der Haut haften und die schnellflüchtigen Kopfnoten daran hindern, allzu schnell zu «verduften». Der Duft von Essenzen, die den Basisnoten zugeordnet sind, wird Sie den ganzen Tag über begleiten, selbst wenn Sie ihn schon am Morgen aufgetragen haben. Zu den Basisnoten gehören die Düfte aromatischer Hölzer, die uns den Duft von tropischen Nächten und warmer Sinnlichkeit vermitteln, z.B. Sandelholz und Rosenholz. Eichenmoos aus den jugoslawischen Bergen schafft ebenso einen warm-zärtlichen Untergrund für Blütenöle wie Benzoe, Tonka oder Tolu. Ihre Düfte regen unseren Geist zu sinnlichem Erleben an, beruhigen und besänftigen bei Streß und Angespanntheit. Der moorig-erdige Duft der Wurzel des tropischen Vetivergrases umhüllt und erdet uns. Gewürze aus aller Herren Länder wie Koriander, Pfeffer, Zimt oder Nelke geben unserer Komposition den wärmenden Untergrund. Vanille und Honigduft vermitteln Gefühle von Geborgenheit.

In die nächsthöhere Reihe unserer Duftorgel gehören die Herznoten. Hier lassen wir einen paradiesischen Garten entstehen. Es sind die Düfte der schönsten Blumen, die in diesen Fläschchen eingefangen sind: Mimose und Jasmin aus Marokko, Rosen aus Bulgarien, Osterglocken und Narzissen von Frühlingswiesen südlicher Olivenhaine und Iris aus den florentinischen Bergen. Die Herznoten gehen uns wahrhaft ans Herz. Hierzu gehört eine sinnlich orientalische Duftrichtung, zu der Ylang-Ylang, Jasmin und Tuberose zählt. Diese können einen allzu nüchternen Verstand zeitweise lahmlegen und den Weg freimachen für Gefühl und Phantasie. Eine Verführung aus der Blüte... Zartere, «unschuldigere» Düfte wie Neroli, Rose, Geranie, Narzisse, Mimose oder Iris berühren unser Herz und öffnen es für Schönheit und Freude. Diese Blütenöle eignen sich für zarte, heitere Kompositionen. Als duftende Kostbarkeiten streicheln sie unsere Seele und gleichen einer heiteren Melodie, die uns beschwingt. Sie bilden eine warme «herzliche» Grundlage für die hohen Schwingungen der Kopfnoten. Die Kopfnoten alleine würden sonst leer klingen, die Basisnoten zu schwer. Die Herznoten liegen in ihrer Flüchtigkeit zwischen Basis- und Kopfnoten.

In der obersten Reihe unserer Duftorgel befinden sich die Kopfnoten, die «Geigen» in unserer Duftsymphonie. Sie bilden in einer Duftkomposition den Angeruch, das heißt, man nimmt sie in einer Mischung quasi als Vorspiel für das kommende Geruchserlebnis zuerst wahr. Sie verfliegen schon nach fünf bis höch-

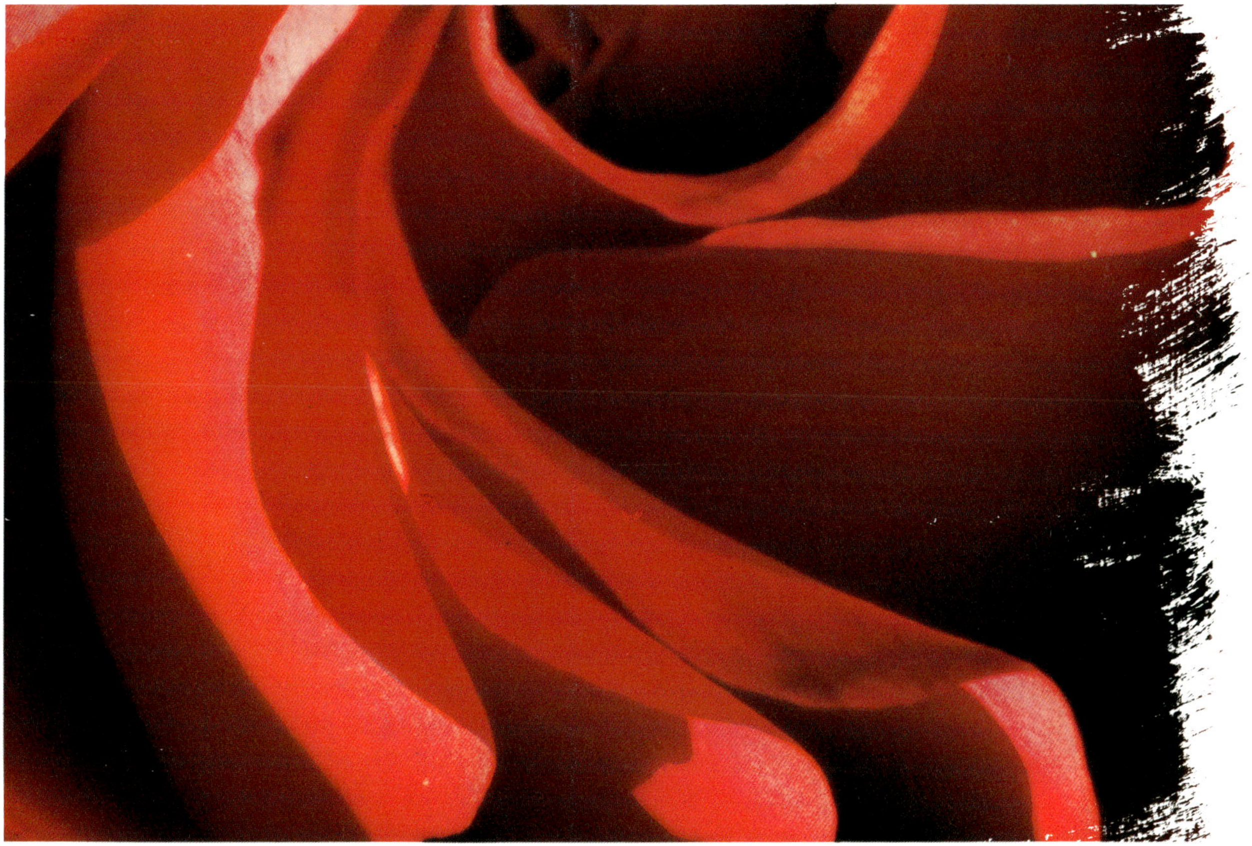

stens 15 Minuten gleich davonflatternden Kolibris. Sie sind Düfte für einen heiteren Morgen. Öffnen wir ein Fläschchen, so ist es, als wollten sie sagen: «Guten Morgen, Du Schöne!». Sie passen gut zum Sommer, da sie uns erfrischen oder zu Situationen, in denen wir uns konzentrieren müssen. Wecken sie doch unseren müden Geist und stärken unsere Konzentrationsfähigkeit. Duftmischungen mit betonter Kopfnote passen zu dynamischen, geistig beweglichen, meist extrovertierten Menschen. Auch die Lieblingsdüfte von Kindern gehören zum Repertoire der Kopfnoten. Sie sind strahlend, schwungvoll und lassen mit ihrer gekonnten Leichtigkeit keine Langeweile aufkommen. Manchmal duften sie übermütig und regen uns zum Leicht-sinn an. Die frischen, oft fruchtigen Kopfnoten verbinden sich besonders gut mit dem Körperduft von blondhaarigen Menschen. In den Fläschchen der obersten Reihe unserer Duftorgel sind die aromatischen Düfte der sizilianischen Zitronen oder Orangen eingefangen. Pampelmusen erklingen in ihrer unübertroffenen Heiterkeit, Bergamotten aus den heißen Tälern Reggio Kalabriens verschenken ihr herb-fruchtiges Aroma. Die Limette aus Haiti weckt in uns Fernweh nach Stränden der Südsee und die Minze gleicht einer kühlen, prickelnden Dusche.

Als angehende Duftkünstlerin oder zukünftiger Duftkünstler sollten Sie auch jene letzte Gruppe von Duftnoten kennen, die etwas außerhalb der drei Prinzipien stehen. Dazu gehören Essenzen, die man zwar einem der drei Prinzipien zuordnen kann, die jedoch auch die Funktion des Sowohl-als-auch einnehmen. Sie haben die Fähigkeit, Übergänge zu schaffen und auszugleichen. Wir können sie mit den Farben vergleichen, durch die wir in der Malerei Hell und Dunkel korrigieren. In der Reihe der Basisnoten gibt es einige Düfte, die zwar schwer duften, aber gleichzeitig einen »Schuß Herz» haben. Sie können gut zwischen einer starken Basisnote und einer zu weit entfernten Herznote vermitteln. Dazu gehören die Essenzen aus Vanille, Honig, Kakao, Kardamom, Koriander, Benzoe, Zimtblätter und Rosenholz. Unter den Herznoten schaffen Iris,

Kamille, Muskatellersalbei und Ysop Verbindung zu den Basisnoten. Lavendel, Melisse und Myrte wenden sich mehr den Kopfnoten zu und schlagen eine Brücke von der warmen Grundierung der Basis- und Herznoten zu den manchmal schrillen Tönen der Kopfnoten. Unter diesen gibt es auch einige wärmere Töne wie Mandarine, Clementine und Orange. Sie gleichen eine zu starke Spannung von Herz zu Kopf aus oder brechen eine zu starke Spitze. Haben Sie schon etwas Erfahrung im Erfinden und Mischen von harmonischen Kompositionen, so dürfen Sie sich ruhig auch mal Überraschungen und Extravaganzen erlauben, und zwar mit einigen intensiv duftenden Essenzen oder mit solchen, die völlig aus dem Konzept fallen. Bringen Sie einen unerwarteten Effekt in Ihr Parfüm - wie der Maler mit einem überraschenden Farbtupfer Akzente setzt. Wie schade, daß ich Ihnen jetzt nicht einige meiner Mischungen unter die Nase halten kann! Vielleicht liegen Sie gerade bei sich zuhause mit dem Buch auf dem Sofa oder stehen im Buchladen und blättern. Doch da wir nicht nur mit der Nase riechen, sondern hauptsächlich mit dem Gehirn, kann ich Ihnen meine Duftmischungen auf dem Weg über meine Schreibmaschine vermitteln, ja, Sie sogar an dem Fläschchen neben mir riechen lassen. Meine Mischung ist komponiert aus warmem Koriander und etwas heißem, schwarzen Pfeffer, dem der schwere, erdige Duft von Vetiverwurzeln eine geheimnisvolle dunkle Tiefe gibt. Der weiche, warme Duft von Bourbon-Vanille schafft einen sanften Übergang zur heiter-zärtlichen Stimmung der Herznoten, die aus paradiesischen Blumengärten stammen: warmer, pudriger Duft der florentinischen Iris legt sich zwischen duftende Rosenblätter einer Damascener-Rose aus Bulgarien. Beide verleihen der Mischung die Ausstrahlung zarter Sinnlichkeit. Dieses Blütenflair bekommt noch eine frische Spitze aus dem beschwingten Duft der Pampelmuse und dem herb-süßen der Limette. Riechen Sie es? Gefällt Ihnen die Mischung? Nun dauert es nicht mehr lange, bis Sie selbst kreativ werden können.

Zur Zeit gibt es im Handel ca. 80 – 90 natürliche Pflanzenessenzen. Einige davon werden ausschließlich in der Aromatherapie zur medizinischen Anwendung gebraucht. Sie haben einen Duft, der sich für Parfüm-Mischungen nicht eignet und werden in diesem Buch nicht besprochen (siehe mein Buch: Himmlische Düfte). Zum Aufbau Ihrer Duftorgel brauchen Sie für den Anfang natürlich nicht komplett alle Essenzen. Sie können mit einer kleinen Orgel beginnen und sich etwa je drei bis fünf Essenzen für Kopf-, Herz- und Basisnote besorgen. Achten Sie auf alle Fälle darauf, daß Sie wirklich reine, unvermischte Pflanzenessenzen erhalten, keine minderwertige Synthetikware. Einige Düfte können nur synthetisch hergestellt werden. Reine Essenzen existieren aus folgenden Pflanzen nicht: Maiglöckchen, Flieder, Apfelblüte, Lotus. In Naturparfüms werden diese Düfte deshalb nicht verwendet.

Auswahl der Essenzen - Tips für den Dufteinkauf

Nach welchen Kriterien wählen Sie nun die Essenzen für Ihre Duftorgel aus? Gehen Sie Ihrer Nase nach und wählen Sie die Essenzen nach Belieben aus. Seien Sie nase-weise und riechen Sie an den Probefläschchen im Geschäft. Halten Sie sich an die Einteilung in Kopf-, Herz- und Basisnoten, sodaß die Öle, die zum jeweiligen Prinzip gehören, anzahlmäßig aufeinander abgestimmt sind.

Falls Sie ein Parfüm für sich selbst oder eine andere Person kreieren wollen, können Sie auch in Bezug zur Haarfarbe spezielle Essenzen auswählen; denn diese stehen in Zusammenhang mit dem Hauttyp und dem damit verbundenen Grund-Hautduft. Die Zuordnung der Essenzen zu einer bestimmten Haarfarbe sollten Sie besonders dann beachten, wenn Sie einen Einzelduft als Parfüm verwenden wollen; auch wenn Sie eine einfache Duftmischung schaffen, in der eine Essenz besonders im Vordergrund steht und andere nur spurenweise diese umrahmen. Bei komplexen Mischungen mit vielen Ölen sollten Sie die fertige Komposition auf der Haut testen, um beurteilen zu können, ob sich diese mit dem individuellen Körperduft harmonisch verbindet.

Blonde, hellhäutige Menschen: Zu ihnen passen besonders frische, fruchtige, leichte Düfte der Kopfnoten. Ein Parfüm sollte hier mehr Kopfnoten enthalten, abgerundet durch zarte Herz- und wenig Basisnoten, die in den Hintergrund treten.

Rothaarige Menschen: Sie haben einen kräftigeren Hautgeruch als Blonde. Zu ihnen passen etwas würzige, herbe und leichte Düfte, die zarten Blumen der Herznoten und leichten Gewürze der Basisnoten.

Brünette Menschen: Zu ihnen passen warme, würzige Düfte der Basisnoten mit süßen Blumen der Herznoten. Die Kopfnoten sollten nicht zu stechend sein.

Schwarzhaarige Menschen: Sie dürfen die Basisnoten bis zur tiefsten Tiefe ausschöpfen, denn diese verbinden sich mit dem Körperduft zu einer angenehmen und geheimnisvollen Note. Bei den Herznoten darf es ruhig in Richtung schwer, süß und orientalisch gehen. Mit wenigen Kopfnoten wird alles abgerundet.

Im Verlauf dieses Buches möchte ich Sie auch in differenziertere Auswahlkriterien für Essenzen einweihen. Sie finden in den verschiedenen Kapiteln und Auflistungen Muster, nach denen Sie die Essenzen verwenden können:

Seelisch-geistige Wirkung: Wenn Sie eine Mischung für eine bestimmte Stimmung zaubern wollen, so können Sie in der Aufzählung der Öle jene finden, die zu der gewünschten Stimmung passen. Mit den seelischen Qualitäten der Öle können Sie ein Parfüm kreieren, das exakt der seelischen Verfassung einer Person entspricht und deren Ausstrahlung unterstreicht. Sie schaffen damit ein Portrait des jeweiligen Menschen, eingefangen in einer einmaligen Duftkreation.

Elemente: Mit der Auswahl nach Elementen können Sie wiederum ein passendes Duftkleid für die bestimmte Figur der Trägerin oder des Trägers schneidern. Da jedes Sternzeichen einem Element zugeordnet ist, können Sie eine Duftmischung schaffen, die dem jeweiligen Tierkreiszeichen entspricht. Mit den Elementen können Sie Vorhandenes unterstreichen oder Gegensätzliches ausgleichen und besonders exakt eine passende Duftmischung herausarbeiten.

Steine: Lieben Sie einen bestimmten Edelstein? Dann entspricht er sicher Ihrer Stimmung, Ihrem Wesen. Wählen Sie die passende Essenz dazu aus und tragen Sie Ihren Stein und das passende Parfüm. Beide unterstreichen Ihre persönliche Ausstrahlung. Für die Duftmischung bauen Sie um das dem Stein entsprechende Öl nach dem Dreierprinzip ein Duftgerüst, ohne vom Ausgangsöl zu sehr abzulenken.

Dufthandwerk

Nachdem Sie für Ihre Nase die köstlichen Düfte in der Duftorgel bereitgestellt haben, möchte ich Ihnen noch weiteres Werkzeug, das Sie für Ihre Profession als Duftkünstler brauchen, in die Hand geben.

Flakons, Fläschchen: Zum Mischen brauchen Sie einige leere 10–20 ml Fläschchen aus dunklem Glas mit Schraubverschluß. Für die fertigen Parfüms eventuell schöne Glasflakons.

Glasstäbe; 0,5 cm Durchmesser: Diese sind nötig zum Entnehmen und Mischen von Essenzen, die so stark duften, daß Sie weniger als einen Tropfen brauchen, oder die so zähflüssig sind, daß sie nicht durch Träufeln zu entnehmen sind. Dazu gehören Öle wie Vetiver, Tonka, Benzoe Siam oder Mimose. Für einen Hauch von Duft benetzen Sie nur die untere Schnittfläche des Stabes und tauchen ihn dann in Ihre Mischung. In meinen Rezepten beziehe ich mich auf Glasstabmengen mit Glasstäben von 5 mm Durchmesser. Falls Sie dünnere Stäbe verwenden, so vervielfachen Sie entsprechend die Menge.

Alkohol: Zum Auflösen der Essenzen. Er sollte 70 – 90 %ig sein. Am besten eignet sich unvergällter Weingeist aus der Apotheke.

Destilliertes Wasser: Zum Verlängern der Alkohol-Essenzmischung. Falls Sie Ihre Duftmischung für ein Aftershave brauchen, können Sie auch Hamamelis oder Rosenwasser verwenden. Kalkulieren Sie bei Ihrer Duftmischung den Duft dieser Wässer mit ein.

Jojobaöl: Dient als Grundlage für Ihre Mischungen. Achten Sie auf gute Qualität!

Riechstreifen: Sind schmale Streifen aus einem besonders saugfähigen und feinen Fließpapier. Geben Sie zur besseren Geruchsbeurteilung eines ätherischen Öles oder einer Mischung einen Tropfen darauf. Sie können dadurch den Duft auch nach einiger Zeit noch erschnuppern und feststellen, wie er sich entfaltet oder verändert. Wenn Sie einige Riechstreifen mit verschiedenen Düfte zusammenhalten, können Sie eine Komposition im Rohentwurf bereits riechen.

Kopfnoten

Bergamotte, Clementine, Eisenkraut, Lemongrass, Limette, Mandarine, Minze, Orange, Pampelmuse, Zitrone.

Herznoten

Cassie, Geranie, Ginster, Iris, Jasmin, Lavendel, Melisse, Mimose, Muskatellersalbei, Myrte, Narzisse, Neroli, Römische Kamille, Rose, Tuberose, Ylang Ylang.

Basisnoten

Angelika, Basilikum, Bay, Benzoe, Cistrose, Dill, Douglasie, Eichenmoos, Estragon, Fichtennadeln, Galbanum, Honig, Ingwer, Kakao, Kalmus, Koriander, Kreuzkümmel, Latschenkiefer, Meerkiefer, Muskatnuß, Moschuskörner, Patchouli, Pfeffer, Rosenholz, Sandelholz, Styrax, Tolu, Tonka, Vanille, Vetiver, Wacholder, Weihrauch, Zeder, Zirbelkiefer, Zimt, Zypresse.

Das Mischen

Als Grundsubstanz für Ihre Parfümmischung können Sie zwischen Alkohol oder Jojobaöl wählen. In Alkohol entfalten sich die Kopfnoten etwas besser als die in der Ölgrundlage, jedoch hat er den Nachteil, daß er die Haut austrocknet. Deshalb lehnen besonders jene mit empfindlicher Haut Alkohol als Parfümgrundlage ab. Wählen Sie Weingeist aus der Apotheke und keinen Verschnitt. Verschütteln Sie in ca. 10 ml Alkohol 15 – 25 Tropfen Essenz. Diese Alkohol-Parfümmischung kann im Gegensatz zu einem Parfüm auf Ölgrundlage, versprüht werden und läßt sich auch weiterverarbeiten zu einem Gesichtswassser oder Aftershave. Nehmen Sie dafür z.B. Rosenwasser, Orangenblütenwasser oder Kamillenwasser, von dem Sie bis zu zwei Drittel dazugeben.

Für eine geringe Menge Parfüm ohne Alkohol zum Sprühen füllen Sie in eine kleine Parfümflasche 5 – 10 ml destilliertes oder stilles Wasser. Dann fügen Sie einige wenige Tropfen der Parfümmischung (in oder ohne Alkohol) zu und schütteln kräftig. Öl und Wasser trennen sich nach einiger Zeit wieder, deshalb sollten Sie vor jedem Gebrauch schütteln. Auf diese Art können Sie sich auch ein Mundspray mit natürlichen Essenzen zubereiten. Es passen dafür Essenzen aus Minze, Salbei und Zitrone.

Für ein Parfüm auf Alkoholbasis lösen Sie die Öle in hochprozentigem Alkohol (15 – 25 Tropfen in 9 – 10 ml Alkohol). Öl mit hohem Harz- und Wachsanteil muß immer wieder geschüttelt werden, damit sich möglichst viel davon löst. Im Fall von viel Rückstand kann man anschließend die Alkohol-Essenzmischung durch einen feinen Papier-Teefilter gießen. Durch Hinzufügen von mehr oder weniger destilliertem Wasser entsteht die Duftkonzentration des Parfüms. Meist gibt man die Hälfte oder gleiche Menge Wasser zum Alkohol. Lassen Sie das Parfüm in einer dunklen Flasche ca. 3 Wochen reifen wie einen guten Wein, damit alle Ingredienzien zusammenwachsen können.

Wenn Sie sich für Jojobaöl als Grundsubstanz entscheiden, brauchen Sie auf Ihr fertiges Parfüm nicht so lange warten. Schon nach zwei Wochen ist es ausgereift. Jojobaöl ist ein flüssiges Wachs, das nicht ranzig werden kann. Es pflegt und nährt die Haut. Es hält die Essenzen länger auf der Haut und verbindet sie schneller mit dem eigenen Hautduft. Für 9 – 10 ml Jojobaöl genügen 15 – 20 Tropfen Essenz. Gut verschütteln, fertig! Das Jojobaöl wird nicht weiter gestreckt. Es kann aber weiterverarbeitet werden zu Gesichtsöl, edlem Körperöl oder Massageöl. Hierfür fügen Sie einfach weiteres Jojoba- oder Mandelöl zum Parfümöl.

Duftmischungen für Raumdüfte, die in der Duftlampe angewendet werden, sollten Sie ohne Grundlage von Alkohol oder Öl direkt zusammenmischen. Davon geben Sie dann einige Tropfen in das Wasser der Duftlampe.

Das massgeschneiderte Duftkleid

Beginnen Sie mit den Basisdüften. Geben Sie diese tropfenweise oder mit dem Stab in die Parfümgrundlage oder ins leere Fläschchen. Wenn möglich, probieren Sie bei jedem Hinzufügen einer weiteren Essenz die Mischung auf der Haut derjenigen Person aus, für die diese Mischung bestimmt ist. Für Raumdüfte muß Ihre Nase zum Prüfen genügen. So können Sie einen Maßanzug oder ein maßgeschneidertes Duftkleid erarbeiten. Naturdüfte verbinden sich aufs innigste mit dem Hautduft und sie riechen bei jedem Menschen anders. Denn jeder Mensch hat einen anderen individuellen Körperduft. Ob Sie nun von einer Zutat mehr oder weniger nehmen, können Sie danach entscheiden, wie sich der Duft auf der Haut entwickelt. Für jedes der drei Prinzipien können Sie mehrere Öle benützen. Beginnen Sie am Anfang mit einer bis drei Sorten pro Prinzip. Sind Sie mit der Basisnote zufrieden, können Sie zur Herznote übergehen und diese wie bei einem Hausbau auf das Fundament der Basisnoten setzen. Prüfen Sie auch hier immer wieder den Duft auf der Haut. Medikamenteneinnahme, starkes Rauchen, ungesunde Ernährung, starker Streß und Menstruation können den persönlichen Hautduft verändern und das Mischergebnis verfälschen. Kopf- und Herznoten nehmen dann zuweilen einen leicht säuerlichen oder brenzlichen Beiduft an.

Wenn Sie bei der Auswahl der Düfte so gewählt haben, daß zu starke Spannungen zwischen den drei Tempi oder Prinzipien entstehen, müssen Sie mit den «Ölen für Übergänge» Brücken bauen.

Sind Basis- und Herznoten gut miteinander verbunden, können Sie den Kopf Ihrer Duftkreation hinzufügen. Es können eine oder viele Essenzen sein. Die Kunst besteht darin, sie gut untereinander und mit dem Rest der Kreation zu verbinden. Keine Angst! Mit der Zeit werden Sie Ihre Essenzen gut kennen und besser einschätzen können, wie jeder Duft eine Mischung verändern kann. Eine wirkliche «Duftkatastrophe» gibt es selten. Schon bei den ersten Versuchen werden die Mischungen Sie begeistern.

Sicher werden Sie feststellen, daß es Zeiten gibt, in denen Sie besser riechen können. Natürlich werden Sie sich mit einem dicken Schnupfen an Ihrer Duftbar wie blind fühlen. Wenn Sie jedoch offen und wenig verstimmt sind, werden Ihnen die besten Dufteinfälle kommen. Morgens kann außerdem unsere Nase am besten riechen, denn die Riechnerven sind ausgeruht. Frauen haben in der Zeit des Eisprungs eine besonders feine Nase.

Unser Geruchssinn lernt schnell. Schon nach kurzer Zeit werden Sie viele vertraute Bekannte im Reich der Düfte haben. Doch sehr ausdauernd ist der Geruchssinn nicht. Nach ca. 15 Minuten Arbeit schaltet er einfach ab: Zeit für Sie, eine kleine Schaffenspause zu machen, das Fenster zu öffnen und sich die Beine zu vertreten.

Essenzen A – Mi	Angelika	Basilikum	Bay	Benzoe	Bergamotte	Cassie	Cistrose	Clementine	Dill	Douglasie	Eichenmoos	Eisenkraut	Estragon	Fichtennadel	Galbanum	Geranie	Ginster	Honig	Ingwer	Iris	Jasmin	Kalmus	Kamille rom.	Koriander	Kreuzkümmel	Lavendel	Lemongrass	Limette	Mimose
Angelika					●																						●	●	
Basilikum					●							●			●	●										●			
Bay				●																									●
Benzoe			●			●	●	●			●					●	●	●		●									●
Bergamotte	●	●						●		●			●		●	●						●		●		●		●	
Cassie				●				●		●										●	●		●	●				●	
Cistrose				●																	●								
Clementine				●		●																		●					
Dill										●		●															●		
Douglasie					●	●			●		●	●											●			●	●		
Eichenmoos				●						●											●								
Eisenkraut		●							●	●				●							●								
Estragon					●																					●			
Fichtennadel											●										●					●	●		
Galbanum		●			●											●						●			●				●
Geranie		●																								●	●		●
Ginster				●														●						●				●	
Honig				●		●		●									●			●									
Ingwer																					●								
Iris				●		●															●								●
Jasmin						●	●				●	●		●					●	●			●	●	●				●
Kalmus					●										●												●		
Kamille rom.						●				●											●								
Koriander					●	●		●									●				●								
Kreuzkümmel															●						●								
Lavendel		●			●					●						●											●		●
Lemongrass	●								●	●				●		●						●				●		●	
Limette	●					●											●										●		●
Mimose			●	●											●	●				●	●					●		●	

	Minze	Moschuskörner	Muskatellersalbei	Muskatnuß	Myrte	Narzisse	Nelke	Neroli	Orange	Pampelmuse	Patchouli	Pfeffer	Rose	Rosenholz	Sandelholz	Styrax	Tolu	Tonka	Tuberose	Vanille	Vetiver	Wacholder	Weihrauch	Ylang Ylang	Zeder	Zimt	Zirbelkiefer	Zitrone	Zypresse
Angelika			●																			●					●	●	
Basilikum			●		●									●								●							●
Bay	●						●		●			●		●	●			●						●	●	●			
Benzoe		●				●							●				●			●			●		●				
Bergamotte	●	●		●		●		●				●			●	●								●	●			●	●
Cassie													●				●	●											
Cistrose								●										●	●						●			●	
Clementine																		●		●						●			
Dill	●									●																			
Douglasie					●					●				●											●				
Eichenmoos											●				●			●			●				●	●			
Eisenkraut				●	●			●	●							●		●				●			●	●			
Estragon			●																									●	
Fichtennadel										●								●										●	
Galbanum	●							●																				●	
Geranie		●	●	●									●			●									●				
Ginster								●					●				●	●											
Honig						●			●				●					●		●						●			
Ingwer				●		●				●		●														●	●		
Iris				●		●		●					●			●			●										
Jasmin		●		●		●	●	●	●		●		●	●	●		●		●					●		●			
Kalmus			●							●												●					●	●	
Kamille rom.						●		●					●					●											
Koriander		●					●						●	●						●						●			
Kreuzkümmel		●						●			●		●		●			●						●		●		●	
Lavendel	●		●		●			●	●				●														●	●	●
Lemongrass												●										●					●		
Limette							●		●									●		●				●		●		●	
Mimose						●		●					●		●		●	●		●				●		●			

●
Die Punkte bezeichnen Schnittstellen zwischen gut zueinander passenden Essenzen.

Essenzen Mi – Z	Angelika	Basilikum	Bay	Benzoe	Bergamotte	Cassie	Cistrose	Clementine	Dill	Douglasie	Eichenmoos	Eisenkraut	Estragon	Fichtennadel	Galbanum	Geranie	Ginster	Honig	Ingwer	Iris	Jasmin	Kalmus	Kamille rom.	Koriander	Kreuzkümmel	Lavendel	Lemongrass	Limette	Mimose
Minze			●		●				●						●											●			
Moschuskörner					●											●					●			●	●			●	
Muskatellersalbei	●	●			●								●			●					●	●			●	●		●	
Muskatnuß					●							●				●			●	●	●			●					
Myrte		●								●	●															●			
Narzisse				●	●													●	●	●	●		●						●
Nelke			●																	●	●			●				●	
Neroli					●		●			●		●			●	●	●			●	●		●		●	●			●
Orange			●									●						●			●			●		●		●	
Pampelmuse									●	●				●					●			●							
Patchouli											●	●									●				●				
Pfeffer			●		●														●								●		
Rose						●										●	●	●		●				●	●	●			●
Rosenholz		●	●		●					●				●							●			●					
Sandelholz			●	●	●						●	●				●					●				●				●
Styrax				●	●							●				●				●									
Tolu				●		●		●									●				●								●
Tonka			●	●		●	●	●			●	●		●			●	●					●		●			●	●
Tuberose							●					●								●	●								
Vanille				●				●										●		●				●				●	●
Vetiver				●	●						●	●				●			●										
Wacholder	●	●								●		●		●	●	●						●				●	●		
Weihrauch				●							●							●											
Ylang Ylang			●																	●	●				●			●	●
Zeder			●	●	●		●			●	●	●									●					●			
Zimt			●	●				●			●								●		●			●	●			●	●
Zirbelkiefer	●											●										●				●	●		
Zitrone	●	●				●		●					●	●		●						●			●	●		●	
Zypresse		●			●			●																	●	●		●	

Der Essenzen

	Minze	Moschuskörner	Muskatellersalbei	Muskatnuß	Myrte	Narzisse	Nelke	Neroli	Orange	Pampelmuse	Patchouli	Pfeffer	Rose	Rosenholz	Sandelholz	Styrax	Tolu	Tonka	Tuberose	Vanille	Vetiver	Wacholder	Weihrauch	Ylang Ylang	Zeder	Zimt	Zirbelkiefer	Zitrone	Zypresse
Minze										●																	●		
Moschuskörner												●	●		●			●						●				●	
Muskatellersalbei				●		●			●	●					●													●	●
Muskatnuß			●			●	●			●	●		●		●					●	●			●		●			
Myrte								●					●							●							●	●	●
Narzisse			●	●			●	●		●			●		●		●							●				●	
Nelke				●		●							●			●	●			●						●			
Neroli					●								●		●	●								●	●			●	
Orange								●							●									●		●			●
Pampelmuse	●		●	●		●												●		●				●			●		
Patchouli		●		●									●		●			●			●			●				●	
Pfeffer		●																							●			●	
Rose				●	●	●	●	●			●				●	●				●				●					
Rosenholz													●																
Sandelholz		●	●			●					●		●			●	●						●	●	●				
Styrax							●	●					●		●		●						●		●	●			
Tolu						●	●								●	●				●	●		●	●		●		●	
Tonka		●								●	●				●					●	●			●	●	●			
Tuberose		●															●	●			●								
Vanille				●	●		●			●			●				●	●								●		●	
Vetiver				●					●		●				●		●							●		●		●	
Wacholder	●																										●	●	
Weihrauch															●	●	●	●			●				●				
Ylang Ylang		●				●	●	●	●	●	●		●		●		●	●								●			
Zeder												●	●		●	●		●			●		●						
Zimt				●			●		●						●	●	●	●		●	●			●					
Zirbelkiefer			●		●					●												●						●	
Zitrone	●	●	●			●			●		●	●					●			●		●			●		●		
Zypresse			●		●	●			●													●					●	●	

● Die Punkte bezeichnen Schnittstellen zwischen gut zueinander passenden Essenzen.

WOHLGERÜCHE AUS DEM GARTEN DER NATUR

In diesem Kapitel möchte ich Ihnen diejenigen ätherischen Öle beschreiben, die sich besonders für Naturparfüms und zur Raumbeduftung eignen. Sie können diese einzeln verwenden oder zu einer ganz persönlichen Mischung zusammenfügen. Sie sind die Töne Ihrer Duftmelodie...

Angelikawurzel

Gewinnung durch Wasserdampfdestillation der Wurzel der Angelika, auch Engelwurz genannt.

Duft: kräftig, erdig, würzig, pfeffrig, scharf; gemischt mit frischen Essenzen nimmt das Angelikaöl einen «grünen» Duft an. Mit schweren Basisnoten entwickelt es seine moschusartige, erotisierende Note. Unverdünnt erinnert es etwas an Sellerie. Der Duft herber Wurzeln bildet eine erdige, interessante Grundlage für frische Kopfnoten.

Basisnote

Nur in kleinen Mengen (stabweise) verwenden.

Paßt besonders zu rothaarigen Menschen.

Mischt sich gut mit: Zitrone, Lemongrass, Limette, Meerkiefer, Zirbelkiefer, Wacholderbeere.

Für Parfüms, auch für Herren, Aftershaves.

Seelisch-geistige Wirkung: das kräftige, revitalisierende Öl bringt uns in Kontakt mit Energiereserven und vermittelt Vitalität; es macht Mut, durchzuhalten.

Element: Erde

Stein: Jaspis, Sardonix (dunkelbraun gebändert)

Basilikum

Gewinnung durch Wasserdampfdestillation des blühenden Krautes;

Duft: süß-würzig, warm bis heiß; in Verdünnung frisch und grün, erinnert an Anis oder grüne Reseda; verleiht einer Mischung den Grundakkord von warmen, würzigen Kräutern.

Basisnote

Paßt besonders gut zu brünetten und dunkelhaarigen Menschen.

Mischt sich gut mit: Bergamotte, Eisenkraut, Galbanum, Geranie, Majoran, Melisse, Muskatellersalbei, Myrte, Rosenholz, Schopflavendel, Wacholder, Zypresse.

Für Parfüms oder als entspannenden Raumduft.

Seelisch-geistige Wirkung: Ein warmer Duft, der aufmuntert, kräftigt und antidepressiv wirkt, der die Nerven stärkt,Melancholie vertreibt und seelische Knoten löst; stärkt das Gedächtnis.

Element: Erde

Stein: Amazonit (grün, hell gebändert)

Die Veilchen kichern und kosen
Und schaun nach den Sternen empor;
Heimlich erzählen die Rosen
Sich duftende Märchen ins Ohr.

Heinrich Heine

BAY

Gewinnung durch Wasserdampfdestillation der Blätter des Bay-Baumes, der zur Familie der Myrtengewächse gehört. Dieser wächst in Süd- und Mittelamerika und auf den Westindischen Inseln.

*Duft:*würziger, männlicher Duft, ähnlich dem Nelkenöl, aber ohne dessen Schärfe; erinnert etwas an Kalmus; verleiht einer Mischung eine warme Grundlage, die wie eine Komposition aus tropischen Hölzern und Gewürzen ist und uns von fernen Inseln träumen läßt;

Basisnote

Paßt zu brünetten und schwarzhaarigen Menschen.

Mischt sich gut mit: Benzoe, Mimose, Minze, Nelke, Orange, Pfeffer, Rosenholz, Sandelholz, Tonka, Ylang Ylang, Zedernholz, Zimt.

Für Parfüms, Aftershaves, sinnlich duftende Bäder; eine erlesene Untermalung als Raumduft.

Seelisch geistige Wirkung: warmer, kräftiger Duft, der die Nerven stärkt und uns entspannen läßt.

Element: Erde

Stein: Augenjaspis (braun-rot)

Benzoe Siam

Gewinnung durch Extration aus dem Harz mit Alkohol oder Benzol. Die Essenz des Baumes, der in Thailand, Laos, Kambodscha und Vietnam wächst, ist wertvoller und noch feiner duftend als jene vom Baum aus Sumatra (Benzoe Sumatra).

Duft: balsamischer, süßer, wohltuender Duft, an Vanille und Schokolade erinnernd, pudrigwarm, zart-sinnlich; ein Duft voller Verträumtheit und Zärtlichkeit, der zum wohligen Schweben zwischen Schlafen und Wachen einlädt.

Basisnote mit besonders starker Haftfähigkeit, sehr geeignet als natürlicher Fixateur in Naturparfüms.

Paßt besonders zu blonden Menschen.

Mischt sich gut mit: Bay, Cassie, Cistrose, Clementine, Eichenmoos, Geranie, Ginster, Honig, Iris, Moschuskörner, Rose, Tolu, Vanille, Weihrauch, Zedernholz.

Für Parfüms und edle Raumdüfte.

Seelisch-geistige Wirkung: Der Duft streichelt unsere Seele und hüllt uns ein wie in eine warme Decke. Er hilft, alte Verspannungen zu lösen und von Verstimmungen loszulassen. Er ist ein Balsam für gereizte Nerven.

Element: Wasser

Stein: Mondstein (opak bis transparent, apricot-pudrigfarben)

Bergamotte

Gewinnung durch Kaltpressung der grünen Fruchtschalen der Bergamottefrucht, die zu den Zitrusfrüchten gehört. Bergamotteessenz, die Furocumarin enthält, kann bei Sonneneinstrahlung Flecken auf der Haut verursachen.

Duft: frischer, lebhafter und spritziger Duft mit fruchtig-warmem Untergrund. Diesen besonders herb-aromatischen Duft entwickeln nur die Bergamottefrüchte, die in den heißen, trockenen Hainen Kalabriens gewachsen sind. Ein besonders origineller Duft, der von den meisten Menschen als angenehm empfunden wird.

Kopfnote

Paßt besonders zu brünetten Menschen.

Mischt sich gut mit: Angelika, Basilikum, Douglasie, Estragon, Galbanum, Geranie, Kalmus, Koriander, Lavendel, Limette, Mandarine, Minze, Moschuskörner, Narzisse, Neroli, Pfeffer, Sandelholz, Styrax, Ylang Ylang, Zedernholz, Zitrone, Zypresse.

Für Parfüms, Aftershaves, Raumdüfte.

Seelisch-geistige Wirkung: Ein aufmunternder Duft, der Gefühlsschwankungen ausgleichen kann. Er stimmt uns übermütig und fördert ein heiteres Gemüt. Bei Streß und nervöser Anspannung hilft er uns, loszulassen. In eine zähe Situation kann er Bewegung bringen, dieser Duft voll heiterer Frische.

Element: Luft

Stein: Smaragd (sehr hell, halbtransparent)

Cassie

Gewinnung durch Extraktion aus den Blüten. Der ursprünglich aus Westindien stammende Strauch, Acacia farnesiana, auch echte Akazie genannt, mit den kugeligen, kleinen, gelben Blüten kommt wildwachsend im gesamten Mittelmeerraum vor. Auch in Indien und im Himalaya ist er zu finden. In Indien stellt man aus seinen Blüten eine Pomade her, die «Attar of Cassie» genannt wird.

Duft: ein eigenwilliger, reichhaltiger Duft, der wie ein Gemälde viele verschiedene Ebenen hat. Er ist warm und pudrig und hat zugleich einen starken, würzigen Einschlag. Unter allem scheint ein zarter, zimtiger Unterton zu liegen. Dann glaubt man, Narzissen und Veilchen zu riechen. Ein besonders wertvoller Duft, der schon in ganz kleinen Mengen sein wunderbares Duftbouquet entfaltet. Es ist, als ob man durch einen Garten voller Gewürze und Blumen streift. Cassie verleiht einem Parfüm eine warm-holzig blumige Note.

Herznote

Paßt zu brünetten und schwarzhaarigen Menschen.
Mischt sich gut mit: Benzoe, Clementine, Douglasie, Iris, Koriander, Limette, Römische Kamille, Rose, Tonka.

Für Parfüms.

Seelisch-geistige Wirkung: ein Duft, der unsere Phantasie und Kreativität anregt, denn er ist wie die Pforte zu einem wunderbaren Garten. Seine schmeichelnde Süße streichelt unsere Seele und unseren Körper.

Element: Wasser

Stein: Aventurin (fast transparent, zart grüngelb)

CISTROSE

Gewinnung durch Wasserdampfdestillation der Zweige und Blätter des Cistrosen-Strauches (Cistrosenöl) oder aus der harzigen Masse, die an Blättern und Zweigen austritt (Labdanumöl). Die Blüten des Strauches ähneln jener der Heckenrosen. Die Pflanze gehört jedoch nicht zu den Rosengewächsen, sondern zu den Cistrosengewächsen.

Duft: warm, würzig-balsamisch, ambraartig, im Hintergrund holzig und etwas scharf, dunkel, sehr geheimnisvoll mit viel Tiefe.
Das Öl setzt einen verborgenen Schwerpunkt in der Basis einer Mischung, in Spuren schafft es einen erotisierenden Effekt. Für Mischungen, die an die Wärme einer Mittelmeerlandschaft erinnern. Das Labdanumöl riecht harziger und holziger als das Cistrosenöl.

Basisnote, wird als natürlicher Fixateur verwendet, da es lange haftet.

Paßt gut zu brünetten und schwarzhaarigen Menschen.

Mischt sich gut mit: Benzoe, Jasmin, Neroli, Tonka, Tuberose, Zitrone.

Für Parfüms.

Seelisch-geistige Wirkung: Der Duft wirkt erwärmend und entkrampfend auf tiefe innere Schichten. Er kann gefühlsmäßige Kälte lösen als Duft, der nach innen führt. Er gilt als therapeutisches Mittel für Menschen, die zu stark extrovertiert leben. Er berührt tiefe Schichten unserer erotischen Kraft.

Element: Erde

Stein: Jadeit (dunkelgrün mit schwarzen Einschlüssen)

Clementine

Gewinnung durch Kaltpressung der Fruchtschalen der Clementine (Citrus clementina Monreal).

Duft: ein junger, frischer, fruchtiger Duft, sehr sympathisch, kindlich-heiter, mit viel Süße. Er verleiht einer Mischung eine heitere, lustige Kopfnote, die durch die süße Wärme eine Verbindung zur Herznote schafft und eine strenge Basisnote ausgleicht oder einen pfiffigen, übermütigen Kontrapunkt dazu setzt. Eine besonders heitere Melodie! Mandarine hat einen ähnlichen Duft und gleiche Wirkung.

Kopfnote

Paßt gut zu rothaarigen und blonden Menschen.

Mischt sich gut mit: Benzoe, Cassie, Koriander, Tonka, Vanille, Zimt.

Für Parfüms, Kinderparfüms und fruchtige Raumdüfte.

Seelisch-geistige Wirkung: ein Duft, der uns beschwingt und erheitert, der einen kindlichen, heiteren Charakter unterstreicht. Als ausgleichender Duft für Menschen, die zuviel grübeln und alles zu ernst nehmen; ein Duft, der zu Vorsichtige ein bißchen Leichtsinn schnuppern läßt.

Element: Luft

Stein: Citrin (bernsteinfarben)

Dill

Gewinnung durch Wasserdampfdestillation des Krautes oder der Samen der Dillpflanze.

Duft: süß, warm, würzig, leicht an Minze erinnernd; ein Duft, der vieles miteinander verbinden kann. Mit schweren Basisnoten wird er selbst zur Basisnote, zusammen mit sehr hellen Kopfnoten nimmt er dort selbst seinen Platz ein. Er setzt in den Kopfnoten einen würzigen Akzent. Dill schafft würzige Wärme und riecht trotzdem frisch.

Kopfnote, Basisnote, je nachdem, auf welcher Stufe man seinen «Klang» einsetzt.

Paßt besonders zu blonden oder rothaarigen Menschen.

Mischt sich gut mit: Douglasie, Eisenkraut, Lemongrass, Minze, Pampelmuse.

Für Parfüms, Aftershaves.

Seelisch-geistige Wirkung: ein Duft, der unser vegetatives Nervensystem beruhigt und entkrampft. Römische Gladiatoren rieben sich vor dem Kampf mit Dillöl ein. Dill hüllt gereizte Nerven in seine warme Würze und ist gut gegen Launenhaftigkeit.

Element: Erde

Stein: Aventurin (kompakt, nicht durchscheinend)

Douglasie

Gewinnung durch Wasserdampfdestillation der benadelten Zweige und kleinen Holzstückchen des Nadelbaumes, (Pseudotsuga douglasii) eines stattlichen, wunderschönen Nadelbaumes, der heimisch ist im westlichen Nordamerika und vermehrt auch in Europa gepflanzt wird.

Duft: gehört zu den angenehmsten Nadelbaumdüften; riecht frisch, waldig, nach Zitronen und Tannennadeln; ein Duft, der so abgerundet ist, daß er Elemente von allen drei Prinzipien in sich vereint.

Basisnote mit einer frischen Kopfnote

Paßt gut zu blonden und brünetten Menschen.

Mischt sich gut mit: Bergamotte, Cassie, Dill, Eichenmoos, Eisenkraut, Lavendel, Lemongrass, Myrte, Pampelmuse, Römischer Kamille, Rosenholz, Zeder.

Für Parfüms, auch Herrenparfüms, Aftershaves, Raumdüfte.

Seelisch-geistige Wirkung: ein ätherisches Öl, das unsere Atmung vertieft und uns in einen wunderbaren, erholsamen Nadelwald entführt, uns stärkt und neue Kraft gibt.

Element: Erde

Stein: Malachit (hell gebändert)

Eichenmoos

Gewinnung durch Extraktion aus dem Moos; in Europa ist vor allem Jugoslawien Lieferant für das Eichenmoos. Das Öl ist sehr zäh und muß mit dem Spatel oder Glasstab entnommen werden.

Duft: moosiger, etwas teeriger Duft, schwer und geheimnisvoll. In starker Verdünnung entwickelt es einen warmen, weichen, zärtlichen Duft und schafft einen warmen, sinnlichen Untergrund. Es zügelt eine zu starke aphrodisierende Ausstrahlung sehr süßer Blütendüfte wie Tuberose und Jasmin. Es unterlegt Mischungen mit einem träumerisch-dunklen Duft, wie auf Moos gebettet.

Basisnote, wird als natürlicher Fixateur verwendet.

Paßt gut zu brünetten und schwarzhaarigen Menschen.

Mischt sich gut mit: Benzoe, Douglasie, Jasmin, Patchouli, Sandelholz, Tonka, Vetiver, Zedernholz, Zimt.

Für Parfüms, auch für Herren, Aftershaves.

Seelisch-geistige Wirkung: ein Duft, der «erdet», wenn wir sehr nervös sind; der ausgleicht und entspannt; der uns mit verborgenen inneren Kraftquellen verbindet.

Element: Erde

Stein: Heliotrop (Blutjaspis)

Eisenkraut

Gewinnung durch Wasserdampfdestillation der Blätter. Der Verbenastrauch, ursprünglich in Südamerika heimisch, wird heute in Marokko, Tunesien, Italien und Frankreich angebaut.

Duft: fein, zitronenatrig, wie ein strahlend blauer Himmel am Morgen, hell und klar, eine anregende, frische Kopfnote mit Niveau.

Kopfnote

Paßt besonders gut zu blonden Menschen.

Mischt sich gut mit: Basilikum, Dill, Douglasie, Fichtennadel, Jasmin, Muskatnuß, Myrte, Neroli, Orange, Styrax, Tonka, Wacholder, Zedernholz, Zirbelkiefer.

Für Parfüms, Aftershaves, Duschgel, Raumdüfte, fürs Auto.

Seelisch-geistige Wirkung: ein Duft, der optimistisch macht und erneuernd wirkt, der unseren Geist erfrischt und neugierig macht: ein Sprungbrett in einen spannenden Tag. Ein Duft, der Energie und Dynamik vermittelt, der einen optimistischen Charakter unterstreicht oder geistig erschöpfte, lethargische Menschen anregt; der kühlend wirkt, ohne kalt zu sein und sich sehr gut als erfrischendes Parfüm an heißen Sommertagen eignet. Er hilft Menschen, die zu stark an Vergangenem hängen, loszulassen. Er stimuliert Herz und Atmung.

Element: Luft

Stein: Peridot (Chrysolith)

Estragon

Gewinnung durch Wasserdampfdestillation der Blüten, Stengel und Blätter.

Duft: kräftig, würzig, frisch, etwas an Sellerie, Basilikum und Anis erinnernd. Die Mongolen nannten ihn «das Kraut des Drachens». Der Duft hat wirklich eine etwas wilde, ungestüme Komponente; er setzt eine kühne Note zwischen schwere, behäbige Basisnoten.

Basisnote; mit frischen Ölen beeinflußt er die Kopfnoten.

Paßt gut zu brünetten und schwarzhaarigen Menschen.

Mischt sich gut mit: Bergamotte, Muskatellersalbei, Rosmarin, Speiklavendel, Zitrone.

Für Herrenparfüms, Aftershaves, würzige Damenparfüms.

Seelisch-geistige Wirkung: Das Öl stärkt unser vegetatives Nervensystem. Es gibt psychische Widerstandskraft und macht Mut bei körperlicher Schwäche und psychisch labilem Zustand.

Element: Erde

Stein: Russischer Jaspis (braun-beige, aus dem Ural)

Fichtennadel

Gewinnung durch Wasserdampfdestillation der nadeltragenden Zweige der Sibirischen Tanne, Abies sibirica.

Duft: strenger, würziger, herber, typischer Nadelbaumduft; harzig, als wenn Sonne auf frisch ausgetretenes Baumharz scheint; ein Duft, der uns in die unendlichen Wälder Sibiriens versetzt.

Basisnote

Paßt besonders zu brünetten und dunkelhaarigen Menschen.

Mischt sich gut mit: Eisenkraut, Eukalyptus, Jasmin, Lemongrass, Pampelmuse, Speiklavendel, Tonka, Zitrone.

Für Herrenparfüms, Raumdüfte.

Seelisch-geistige Wirkung: wirkt kräftigend und erweiternd auf unsere Atmung, stärkend nach Krankheiten und bei psychischer Erschöpfung.

Element: Erde

Stein: Zoisit

Galbanum

Gewinnung durch Extraktion aus dem Harz. Dieses fließt aus den angeschnittenen Wurzeln und wird an der Luft eingetrocknet.

Duft: ein origineller Duft, in dem man viele verschiedene Duftkomponenten erschnuppert: würzig, grün, laubartig, balsamisch, an Fichtennadeln erinnernd. Er setzt interessante Punkte in einer Mischung und wird deshalb in der Parfümerie häufig verwendet. Er ist sehr dominierend, deshalb sollte er in einer Mischung nur in Spuren verwendet werden. Gut geeignet für grüne, krautige Mischungen, als interessanter balsamischer Unterton für blumige Düfte.

Basisnote

Paßt gut zu rothaarigen und blonden Menschen.

Mischt sich gut mit: Basilikum, Bergamotte, Kalmus, Kreuzkümmel, Melisse, Minze, Neroli, Zitrone.

Für Parfüms, besonders frisch-würzige Herrenparfüms, Aftershaves.

Seelisch-geistige Wirkung: ausgleichend und beruhigend bei Ärger, Reizbarkeit und starker Anspannung; ein Duft, der seelische Verhärtungen lösen kann.

Element: Erde

Stein: Apatit (dunkelgrün)

Geranie

Gewinnung durch Wasserdampfdestillation der Blätter und Grünteile der Duftgeranie, Pelargonium graveolens.

Duft: ein rosiger, weicher Blumenduft, freundlich, liebevoll und voller Hingabe, sehr angenehm und harmonisch.

Herznote

Paßt gut zu brünetten Menschen.

Mischt sich gut mit: Basilikum, Bergamotte, Koriander, Lavendel, Lemongrass, Mimose, Moschuskörner, Muskat, Muskatellersalbei, Neroli, Rose, Ylang Ylang, Zeder.

Für Parfüms und Raumdüfte.

Seelisch-geistige Wirkung: ein Duft, der freundlich stimmt und uns hilft, unser Herz zu öffnen. Er wirkt stimulierend im seelischen Bereich und legt eine schützende Aura um uns. Er harmonisiert auf eine sanfte Art und hilft uns, geduldiger zu werden; ein Öl, das der Venus zugeordnet ist.

Element: Wasser

Stein: Rhodochrosit, hellgrüne Jade

Ginster

Gewinnung durch Extraktion aus den Blüten des Spanischen Ginsters, Spartium junceum. Der Strauch ist im Mittelmeerraum heimisch.

Duft: schwer, süßblumig, an Heu und Honig erinnernd, er entführt uns in die warmen, blumigen Duftgefilde einer Mittelmeerlandschaft. Sanft legt sich der Duft um die Rundungen unseres Körpers.

Herznote; sehr sparsam in Mischungen verwenden!

Paßt gut zu brünetten bis schwarzhaarigen Menschen.

Mischt sich gut mit: Benzoe, Honig, Koriander, Limette, Neroli, Rose, Tolu, Tonka.

Für Parfüms und erlesene Raumdüfte.

Seelisch-geistige Wirkung: ein Duft, der uns zart und sinnlich stimmt, der uns eintaucht in die berauschende Fülle goldgelber, süßduftender Ginsterblüten, sodaß trübe Gedanken schnell vergehen.

Element: Wasser

Stein: Dentritenquarz (goldgelb)

Honig

Gewinnung durch Extraktion aus den gefüllten Bienenwaben.

Duft: mild, warm, wachsig süß, typischer Honigduft; sehr angenehm, einhüllend, unschuldig; ein Duft, der uns in angenehme Kindheitserinnerungen führt; wie ein warmer Sommertag. Eine ähnliche Wirkung hat die Essenz aus Kakao.

Basisnote mit Übergang zur Herznote.
Paßt besonders zu blonden und brünetten Menschen.

Mischt sich gut mit: Benzoe, Cassie, Clementine, Ginster, Iris, Mandarine, Narzisse, Orange, Rose, Tonka, Vanille.

Für Parfüms, Kinderparfüms, Raumduft, besonders für das Kinderzimmer.

Seelisch-geistige Wirkung: beruhigend, entspannend, ausgleichend; ein Duft, der die Spitzen in unserem Leben sanft umhüllt und uns für das Angenehme öffnet, für Stunden mit Muße.

Element: Erde

Stein: Bernstein

Ingwer

Gewinnung durch Wasserdampfdestillation aus den getrockneten und zermahlenen Wurzeln.

Duft: warm, würzig, sehr kräftig, männlich, gleichzeitig ganz leicht süß; gibt Mischungen eine Basis kräftiger Wurzeln und verleiht ihnen den geheimnisvollen Duft fernöstlicher Gewürze.

Basisnote

Paßt besonders gut zu rothaarigen Menschen.

Mischt sich gut mit: Jasmin, Meerkiefer, Muskatnuß, Narzisse, Pampelmuse, Pfeffer, Tolu, Zimt.

Für Parfüms, Herrenparfüms, Aftershaves.

Seelisch-geistige Wirkung: Das Öl wirkt vitalisierend und aufbauend. Es belebt Geist und Kreislauf und ist gut bei psychisch labiler Verfassung.

Element: Feuer

Stein: Tigerauge

Iris

Gewinnung durch Wasserdampfdestillation der Wurzeln der Iris, die hauptsächlich in der Gegend um Florenz kultiviert wird. Die Wurzeln werden zuerst drei bis vier Jahre lang gelagert und fermentiert.

Duft: unsere Nase erfaßt diesen Duft in zwei Ebenen. Wir erschnuppern eine pudrige, blumige Veilchennote, die über einer warmen, holzigen Grundlage schwebt; ein wärmender, besonders poetischer Duft.

Herznote, die aber auch als Basisnote dienen kann, sie ist ein natürliches Fixativ.

Sie kam, vom Mantelsaum der Nacht umhüllt,
Zu mir als Traumbild, wie die Berg-Gazelle.
Von ihrem Mund die Feuchte trank ich bald
Und bald des süßen Weins goldne Welle,
Bald küßt ich ihrer Wangen Abendrot,
Von ihren dunklen Haaren überschattet.
Am Stabe des Orion schlich die Nacht
schon altersgrauen Hauptes und ermattet;
Langwallenden Gewands, mit blonden Locken
Kam dann der Tag und lächelte vor Wonne,
In seines Mundes Zähne die Jasminen...

Ibn Chapadscha

Paßt besonders gut zu blonden Menschen.

Mischt sich gut mit: Benzoe, Cassie, Jasmin, Muskatnuß, Neroli, Rose, Tonka, Tuberose.

Für alle Parfüms und Raumdüfte; in ganz geringen Mengen stabweise verwenden.

Seelisch-geistige Wirkung: Eine Essenz mit starker seelischer Wirkung. Sie regt unsere schöpferischen Kräfte an. Unsere Phantasie wird sanft in Neuland getragen und unsere Traumfähigkeit verstärkt. Sie öffnet uns für spirituelle Energie und legt eine duftende, schützende Hülle um uns.

Element: Wasser

Stein: Aquamarin (transparent hellblau)

Jasmin

Gewinnung durch Extraktion aus den Blüten; für 1 Kilogramm ätherisches Öl werden 1'000 Kilogramm frisch gepflückte Blüten benötigt!

Duft: stark, süß, blumig; «Mondlicht im Hain» wird der Jasmin in Indien genannt. Sein Duft, geheimnisvoll und zärtlich, kommt dem Hauch einer warmen Vollmond-Sommernacht nahe. Seine schwere und erregende Süße setzt einen erotischen Punkt in eine Mischung. Jasminöl wird durch Lagerung wie Wein mit den Jahren immer besser.

Herznote

Paßt zu jedem Haut- und Haartyp.

Mischt sich gut mit: Cassie, Cistrose, Eichenmoos, Eisenkraut, Fichtennadel, Ingwer, Iris,

Koriander, Kreuzkümmel, Mimose, Moschuskörner, Muskatnuß, Narzisse, Nelke, Neroli, Orange, Patchouli, Römischer Kamille, Rose, Rosenholz, Sandelholz, Tolu, Tuberose, Ylang Ylang, Zedernholz, Zimt.

Für Parfüms, sinnliche Raumdüfte, edle Bäder.

Seelisch-geistige Wirkung: Das Öl hilft bei emotionalen Schwierigkeiten, die ihren Ursprung im Beziehungs- und Sexualbereich haben. Es stärkt unser Selbstvertrauen und unterstreicht stark unsere persönliche Ausstrahlung. Es kann uns helfen, seelische Verkrampfungen zu lösen, besonders Angst und innere Kälte. Es unterstützt unsere Fähigkeit zur Hingabe und öffnet unsere Sinne für die Schönheit um uns.

Element: Wasser

Stein: Mondstein (fast transparent), Perle

Kalmus

Gewinnung durch Wasserdampfdestillation der Wurzeln.

Duft: kräftig und erdig, herb, ein Duft aromatischer Wurzeln mit einer leichten süßen Beinote, die einer Mischung eine vitale, würzige und kraftvolle Basis schenkt.

Basisnote

Paßt zu brünetten bis schwarzhaarigen Menschen.

Mischt sich gut mit: Bergamotte, Galbanum, Lemongrass, Muskatellersalbei, Pampelmuse, Wacholder, Zirbelkiefer, Zitrone.

Für würzige Parfüms, besonders für Herren, Aftershaves.

Seelisch-geistige Wirkung: Der kräftige, männliche Duft unterstreicht eine dynamische Persönlichkeit und vermittelt Vitalität. Er läßt Vorsichtige etwas mutiger werden, wirkt stärkend und aufbauend bei Schwächezuständen, Nervosität und nach langer seelischer Krise.

Element: Feuer

Stein: Rhodonit

Kamille, Römische

Gewinnung durch Wasserdampfdestillation der Blüten und Blätter.

Duft: warm, süß, leicht, fruchtig, zart, kräuterartig; wie eine grüne Wiese, auf die man Blumendüfte streuen kann; ein Duft, der kindliche Unschuld vermittelt und zu einem sanften Dahinträumen auf einer Blumenwiese einlädt; eine Essenz, die behutsam unsere Nase umschmeichelt.

Herznote, auch als zusammenfügendes Element in einer Mischung zu verwenden.

Paßt zu blonden Menschen.

Mischt sich gut mit: Cassie, Douglasie, Jasmin, Narzisse, Neroli, Rose, Tonka.

Für Parfüms und entspannende Raumdüfte.

Seelisch-geistige Wirkung: Ein Duft, der uns bei Nervosität und Ärger sanft beruhigt, wie warme goldene Sonnenstrahlen unsere inneren Verspannungen löst und alte seelische Wunden heilt.

Element: Wasser

Stein: Karneol (gelb-orange), Bernstein

Koriander

Gewinnung durch Wasserdampfdestillation der getrockneten Samen.

Duft: die Essenz verströmt ihren warmen, würzigen und aromatischen Duft, der besonders Herz- und Basisnoten einer Mischung miteinander verbinden kann. Seine Würze ist nicht herb, sondern birgt einen blumig-samtigen Hauch in sich.

Basisnote «mit Herz»

Paßt zu brünetten Menschen.

Mischt sich gut mit: Bergamotte, Cassie, Clementine, Ginster, Jasmin, Moschuskörner, Nelke, Rose, Rosenholz, Vanille, Zimt.

Für würzige, warme Parfüms, auch gut für Herrenparfüme und Aftershaves.

Seelisch-geistige Wirkung: Korianderöl regt uns auf sanfte Weise an und stimuliert unsere schöpferischen Kräfte. Wir können uns auf seinem weichen Duft dahin gleiten lassen, wo uns eine Muse schon erwartet.

Element: Erde

Stein: Zirkon (transparent, brau-rot)

Kreuzkümmel

Gewinnung durch Wasserdampfdestillation der getrockneten und zerkleinerten Früchte.

Duft: eine Essenz, die – in kleinsten Mengen verwendet – einer Mischung eine geheimnisvoll erotische Note verleiht. Der würzig warme Duft des Kreuzkümmelöls hat eine große Strahlungskraft und setzt einen magnetischen Punkt in die Duftkomposition.

Basisnote

Paßt zu brünetten Menschen.

Mischt sich gut mit: Galbanum, Jasmin, Moschuskörner, Neroli, Patchouli, Rose, Sandelholz, Tonka, Ylang Ylang, Zimt, Zitrone.

Für Parfüms, bes. für Herren, Aftershaves.

Seelisch-geistige Wirkung: Der Duft inspiriert zu Sinnlichkeit und bringt uns auf geheimnisvolle Weise ins Zentrum unserer Erotik.

Element: Erde

Stein: Jaspis (Mahagoniobsidian, tief dunkelrot)

Lavendel

Gewinnung durch Wasserdampfdestillation der Blütenrispen und Stengel.

Duft: frischer, leichter Duft; kräuterartiger Untergrund mit einem zarten, blumigen Flair; ein Duft, der uns in die klare Frische der französischen Berge entführt.

Schopflavendel: riecht weniger frisch, hat aber eine vollere, wärmere Herznote; ein Duft von frisch gesammelten Kräutern.

Speiklavendel: hat eine kräftige, erfrischende Note, erinnert etwas an Kampfer.

Herznote, auch als Kopfnote verwendbar, gut zum Verbinden von Kopf- und Herznoten.

Paßt gut zu blonden, rothaarigen und brünetten Menschen.

Mischt sich gut mit: Bergamotte, Douglasie, Geranie, Meerkiefer, Muskatellersalbei, Neroli, Orange, Rose, Zirbelkiefer, Zitrone.

Für Parfüms, besonders Herrenparfüms, Aftershaves, Raumdüfte.

*Seelisch-geistige Wirkung:*Lavendel ist eine Essenz mit starker Heilkraft im seelischen Bereich. Sie wirkt reinigend, ausgleichend und harmonisierend, löst nervöse Spannungen und hilft besonders bei Schlaflosigkeit. Zusammen mit frischen, anregenden Düften ist sie aufmunternd und stärkend; für Situationen, in denen Klärung notwendig ist, sehr geeignet.

Element: Luft

Stein: Amethist

Lemongrass

Gewinnung durch Wasserdampfdestillation des Grases. Das Lemongrass gehört zur Familie der Süßgräser und ist ursprünglich in Indien heimisch. Es wird heute hauptsächlich in Südamerika, China, Madagaskar und Afrika kultiviert.

Duft: sehr erfrischend, kühl und sehr intensiv. Eine der höchsten Kopfnoten, die wie eine sehr hell klingende Glocke schwingt und einen intensiven Lichtpunkt in eine Mischung setzt.

Kopfnote

Paßt gut zu jeder Haarfarbe.

Mischt sich gut mit: Angelika, Dill, Douglasie, Fichtennadeln, Geranie, Kalmus, Lavendel, Limette, Pfeffer, Wacholder, Zirbelkiefer.

Für frische Parfüms, besonders für Herren, Aftershaves, Raumdüfte.

Seelisch-geistige Wirkung: Die Essenz ist wie ein heller, gelber Laserstrahl, der in die

Jasmin

Winkel unserer Müdigkeit eindringt und uns besonders am Morgen kraftvoll in den Tag schiebt. Ein Duft, der die Nacht zum Tag werden läßt, wenn wir uns konzentrieren und arbeiten müssen. Bei langen Autofahrten hilft er uns, die Konzentration zu halten, bringt Energie, fördert Dynamik und wirkt ausschließlich auf unseren Geist.

Element: Luft

Stein: Citrin (hellgelb)

Limette

Gewinnung durch Wasserdampfdestillation der gemahlenen Früchte oder durch Pressung der Schalen. Die Limette ist eine Zitrusfrucht, die heute hauptsächlich auf den Westindischen Inseln, in Mexiko, Brasilien und Italien angebaut wird.

Duft: spritzig, süß und bitter zugleich, daher kontrastreich; ein Duft, der seine Erotik hinter selbstverständlicher Leichtigkeit verbirgt, schwungvoll und immer zeitlos-modern. Limettenessenz vermittelt uns den Reiz der Ferne durch ihre tropische Fruchtigkeit, ohne Fernweh zu machen.

Kopfnote

Paßt zu brünetten bis schwarzhaarigen Menschen.

Mischt sich gut mit: Angelika, Cassie, Ginster, Lemongrass, Mimose, Orange, Tonka, Vanille, Ylang Ylang, Zimt, Zitrone.

Für Damen- und Herrenparfüms, Aftershaves, originelle Raumdüfte.

Seelisch-geistige Wirkung: ein Duft, der uns erheitert, erfrischt und uns von zu vielem Grübeln befreit; der unsere Phantasie und Kreativität beflügelt und scheinbar zufällig unsere Erotik berührt; eine duftende Anregung, wenn wir müde und einfallslos sind.

Element: Luft

Stein: Citrin mit Krokodolith

Mimose

Gewinnung durch Extraktion aus den hellgelben, kugeligen Blüten. Der Mimosenbaum wächst in Südfrankreich und Italien. Er wird zur Ölgewinnung heute hauptsächlich in Marokko und Tunesien angebaut.

Duft: auf von der Sonne beschienenem gelben Stroh liegen ausgestreut die schönsten und süßesten Blumen; beides ergibt zusammen das Duftbouquet der Mimose, einen starken, süßen, samtigen Duft, der schon in ganz kleinen Mengen in einer Mischung zur Geltung kommt und ihr eine weiche, pudrige Wärme verleiht.

Nenn es Liebe
Kleine Seligkeiten
im Mimosenwolkenfedernbett
Wünsche verflechten sich
und münden im Himmel
inmitten des Echos
aller Herrlichkeiten

Anette Christener-Ayasse

Herznote, durch den erdig-strohigen Fond auch als «Basisnote mit Herz» verwendbar.

Paßt gut zu brünetten und blonden Menschen.

Mischt sich gut mit: Bay, Benzoe, Galbanum, Geranie, Iris, Jasmin, Lavendel, Limette, Narzisse, Neroli, Rose, Sandelholz, Tolu, Tonka, Vanille, Ylang Ylang, Zimt.

Für edle Damenparfüms und wertvolle Raumdüfte.

Seelisch-geistige Wirkung: Ein Duft, der wie ein Lächeln in unser Gemüt fällt und uns für all die kleinen Seligkeiten öffnet, die uns ein Wohlgefühl schenken, wie ein Sommerblumenstrauß, ein schöner Traum, ein Lächeln, eine Berührung mit sanften Händen oder ein warmes Zusammenkuscheln; ein Duft, der uns für Freundschaft öffnet und unser Herz berührt.

Element: Feuer

Stein: Goldtopas (warm goldgelb)

Minze

Gewinnung durch Wasserdampfdestillation der ganzen Pflanze.

Duft: Es gibt wohl niemanden, der nicht weiß, wie Minze riecht: ein starker Duft, dessen Kühle uns erfrischt. Hell wie eine hohe Glokke setzt Minze eine frische Kopfnote in Mischungen.

Kopfnote nur in kleinen Mengen einsetzen, da Minze sehr dominierend ist.

Paßt zu blonden Menschen.

Mischt sich gut mit: Bay, Bergamotte, Dill, Galbanum, Lavendel, Pampelmuse, Zitrone.

Für Raumdüfte, Parfüms und Aftershaves.

Seelisch-geistige Wirkung: Minzduft fördert unser Denken und stärkt das Gehirn. Alles andere als erotisch, kühlt er unsere Leidenschaften ab; ein sehr «vernünftiger Duft»

Element: Luft

Stein: Fluorit (grün, transparent)

Moschuskörner

Gewinnung durch Wasserdampfdestillation der getrockneten, zerkleinerten Samen. Diese stammen aus den Blüten einer Hibiskuspflanze, Hibiscus abelmoschus, die in Mittel- und Südamerika, Indien und Indonesien angebaut wird. Das Öl, auch Ambretta genannt, ist ein pflanzlicher Ersatz für Moschusduft, der aus den Drüsen des Moschushirsches stammt. Dieses Tier steht aufgrund der Begehrtheit dieses Duftes kurz vor der Ausrottung.

Duft: schwerer, an Moschus und Ambra erinnernder Duft, leicht pudrig und süß wie Blumen, die am Rande einer dunklen Schlucht blühen, aus der ein Hauch der Tiefe heraufweht; gleich dem Duft eines warmen Körpers, einer sich wohlig räkelnden gefährlichen Raubkatze, verbindet er sich verführerisch mit den süßen Herznoten und taucht selbst die spitzen Kopfnoten in warme Erotik.

Basisnote, sehr sparsam verwenden (stabweise).

Paßt gut zu rothaarigen und schwarzhaarigen sowie brünetten Menschen.

Mischt sich gut mit: Bergamotte, Geranie, Jasmin, Koriander, Kreuzkümmel, Limette, Pfeffer, Rose, Sandelholz, Tonka, Ylang Ylang, Zitrone.

Für Herrenparfüms, Aftershaves.

Seelisch-geistige Wirkung: Der dunkle, süßschwere Duft ist wie die Nacht, die langsam ihre Flügel ausbreitet. Er läßt uns hinabtauchen in unsere Sinnlichkeit, nachdem er unsere Nerven beruhigt und alles Spitze umhüllt hat. Nichts für Zaghafte!

Element: Erde

Stein: Mahagoniobsidian

MUSKATNUSS

Gewinnung durch Wasserdampfdestillation aus den Muskatnüssen.

Duft: würzig, herb und süß zugleich, auf einer warmen Basis; ein sehr weicher Duft, der einer Mischung die Basis fremdländischer Gewürze schenkt. Er eignet sich ganz besonders gut für würzige Herrenparfüms, denen er eine interessante Note verleiht.

Basisnote

Paßt gut zu brünetten Menschen.

Mischt sich gut mit: Bergamotte, Eisenkraut, Geranie, Ingwer, Iris, Jasmin, Koriander, Muskatellersalbei, Narzisse, Nelke, Pampelmuse, Patchouli, marokkanischer Rose, Sandelholz, Vanille, Vetiver, Zimt.

Für Parfüms, besonders für Herren, Aftershaves.

Seelisch-geistige Wirkung: eine Essenz, die uns stärkt und anregt, ohne aufzuregen. Sie kann beruhigend und kräftigend zugleich wirken, gibt Energie bei Müdigkeit und hilft uns, Depressionen zu überwinden. Sie fördert die Intensität und Farbigkeit unserer Träume und scheint uns durch eine geheime Pforte in unser Unterbewußtsein blicken zu lassen.

Element: Erde

Stein: Buntachat (braun-rot-orange)

Muskatellersalbei

Gewinnung durch Wasserdampfdestillation der blühenden Pflanze. Muskatellersalbei ist eine Salbeiart mit rosa, violett bis lilablauen Blüten. Sie wird bis zu 1,2 Meter hoch.

Duft: ein interessanter, orgineller Duft; würzig, wie frisch geschnittenes Heu mit einem Hauch von Harz. Es erinnert uns zuerst an griechischen Retsinawein, dann entdecken wir noch eine süße, ambraartige Note. Ein eigenwillig schillernder Duft voller Faszination und strahlender Lebendigkeit.

Herznote

Paßt gut zu brünetten Menschen.

Mischt sich gut mit: Angelika, Basilikum, Bergamotte, Estragon, Geranie, Jasmin, Kalmus, Kreuzkümmel, Lavendel, Limette, Muskatnuß, Pampelmuse, Sandelholz, Speiklavendel, Zitrone, Zypresse.

Für Damen- und Herrenparfüms, Aftershaves, Raumdüfte.

Seelisch-geistige Wirkung: Die Essenz regt besonders unsere schöpferischen Kräfte an und wird von kreativ arbeitenden Menschen sehr geschätzt. Sie fördert unsere Spontanität und unterstützt unsere Phantasie. Sie wirkt erheiternd, ja sogar euphorisierend. Sie hilft uns in Streßsituationen, elastischer zu sein und Depressionen leichter zu überwinden. Eine Essenz, die Vorsichtige etwas mutiger macht und uns zu (kreativem) Unsinn anregt. Und dann hat sie noch eine ganz versteckte erotische Wirkung...

Element: Luft

Stein: gemeiner Opal (milchig, vielfarbig)

Myrte

Gewinnung durch Wasserdampfdestillation der Blüten und Zweigspitzen. Die Myrte ist ein Strauch, der im ganzen Mittelmeerraum vorkommt. Sie hat kleine lanzettliche kräftiggrüne Blätter und weiße Blüten.

Duft: "...weißt du noch, als wir an der Lichtung mit den Myrten vorbeikamen? Fühlst du noch die warme Mittagssone, die den Blütenduft löste und den zarten Wind, der ihn zu uns herübertrug? Sanfte Heiterkeit und zarte Schönheit begleiteten uns den ganzen Tag.."

Herznote

Paßt zu brünetten und blonden Menschen

Mischt sich gut mit: Basilikum, Douglasie, Eisenkraut, Neroli, Rose bulgarisch, Schopflavendel, Vanille, Zirbelkiefer, Zitrone, Zypresse.

Für Damen- und Herren-Parfüms, Aftershaves, Raumdüfte.

Seelisch-geistige Wirkung: eine Essenz mit starker seelischer Wirkung. Sie öffnet uns für Schönheit und Liebe und verbindet uns auf einer sehr feinen Ebene miteinander. Sie wirkt reinigend und klärend, inspirierend zu Meditation und offenem Schauen und stärkt unsere geistige Schutzhülle. Ein Duft, der uns mit den Kräften der Natur verbinden kann.

Element: Luft

Stein: Chrysopras

Narzisse

Gewinnung durch Extraktion aus den Blüten der weißen Narzisse, auch Osterglocke genannt, mit dem schönen lateinischen Namen «Narcissus poeticus»

Duft: der Duft der ersten Narzissen läßt uns den Winter vergessen und weckt freudige Erwartungen. Der erregend süße Duft dieser Essenz ist sehr blumig, doch mit viel Körper. Eine Liebeserklärung für jede romantische Frau.

Herznote, in starker Verdünnung verwenden; unverdünnt riecht die Essenz erdig.

Paßt zu schwarzhaarigen Menschen

Mischt sich gut mit: Benzoe, Bergamotte, Honig, Ingwer, Iris, Jasmin, Kamille römisch, Mairose, Mimose, Muskatellersalbei, Muskatnuß, Nelke, Neroli, Pampelmuse, Rose bulgarisch, Sandelholz, Tolu, Ylang Ylang, Zitrone.

Für Parfüms

Seelisch-geistige Wirkung: ein Duft, der unsere Seele streichelt, uns bei Angespanntheit und Angst beruhigt und versöhnt; der unsere Phantasie beflügelt und uns für warme, erotische Gefühle öffnet.

Element: Wasser

Stein: Turmalin (Rubbelith, margenta-rosa)

Nelke

Gewinnung durch Wasserdampfdestillation der Blätter oder getrockneten Blütenknospen der Gewürznelke

Duft: warm, süß und würzig, im Hintergrund herb und trocken. Ein standfester Untergrund für blumige, exotische Düfte. Ein Duft, an dem noch etwas vom Abenteuer des Gewürzhandels alter Zeiten hängt.

Basisnote

Paßt zu brünetten Menschen

Mischt sich gut mit: Tolu, Styrax, Vanille, Rose marokkanisch, Narzisse, Jasmin, Iris, Bay, Koriander, Limette, Zimt, Muskatnuß, Rose marokkanisch.

Für Parfüms und Raumdüfte

Seelisch-geistige Wirkung: ein Duft, der unsere Gehirntätigkeit stimuliert, anregend und zugleich ausgleichend wirkt. «Guten Abend, gute Nacht, mit Rosen bedacht, mit Näglein besteckt...» In diesem bekannten Schlaflied von

Brahms werden zwei Düfte angesprochen, die auf unseren Schlaf und unsere Träume wirken. Rose schenkt angenehme Träume, Näglein = Nelken helfen uns, uns an diese am folgenden Tag besser zu erinnern.

Element: Erde

Stein: Epidot

Neroli

Gewinnung durch Wasserdampfdestillation der frisch gesammelten Blüten des Bitterorangenbaumes. Für einen Liter Öl werden eine Tonne(!) Blüten gebraucht.

Duft: Kaskaden duftender Orangenblüten sind in dieser Essenz eingefangen, die zu den faszinierendsten und kostbarsten Ölen gehört. Ein lebhafter, strahlender Duft mit starker eigenwilliger Ausstrahlung, denn er riecht süß und leicht bitter zugleich. Der frische, kraftvolle und trotzdem liebevolle Duft setzt einen Lichtpunkt in jede Mischung. Neroli gehört zu den klassischen Grundstoffen des Eau de Cologne.

Herznote, mit Tendenz zur Kopfnote.

Paßt zu blonden Menschen.

Mischt sich gut mit: Bergamotte, Cistrose, Douglasie, Eisenkraut, Galbanum, Geranie, Ginster, Iris, Jasmin, Kamille römisch, Kreuzkümmel, Lavendel, Mairose, Melisse, Mimose, Myrte, Rose bulgarisch, Sandelholz, Ylang Ylang, Zedernholz, Zitrone.

Für Parfüms, besonders Eau de Cologne, Raumdüfte.

Seelisch-geistige Wirkung: gehört zu den Ölen mit starker psychischer Wirkung. Es kräftigt uns, gibt Energie und umgibt uns mit einer stärkenden Aura. Es hilft bei seelischer Erschöpfung und und besänftigt uns, wenn wir zu stark in Gefühlen und Leidenschaften verstrickt sind. Als Öl der Klarheit wirkt es wie ein befreiender Flug über die Enge unserer Ängste und Sorgen.

Element: Feuer und Luft

Stein: Diamant

ORANGE

Gewinnung durch Kaltpressung der Schalen der Süßorange

Duft: wie ein heiteres Lachen, das aus dem Herzen kommt; hell, freundlich, lebendig, fruchtig – frisch und trotzdem warm wie Kupfer, auf das die Sonne scheint; eine Essenz, die viele Menschen schätzen.

Kopfnote, mit Tendenz zur Herznote.

Paßt zu brünetten Menschen.

Mischt sich gut mit: Bay, Eisenkraut, Honig, Jasmin, Koriander, Lavendel, Limette, Neroli, Sandelholz, Ylang Ylang, Zimt, Zypresse.

Für Damen- und Herrenparfüms, Kinderparfüms, Raumdüfte.

Seelisch-geistige Wirkung: Eine Essenz als Nerventonikum, das nicht bitter schmeckt, sondern uns zum Lachen bringt. Orangenöl wirkt harmonisierend, erwärmend, erheiternd; es stimmt optimistisch und nimmt die Angst vor Unbekanntem. Mit entsprechenden anderen Ölen zeigt es eine unschuldige, sinnliche Note.

Element: Luft

Stein: Sonnenstein

PAMPELMUSE

Gewinnung durch Kaltpressung der Fruchtschale

Duft: hell, fruchtig, sehr lebhaft, fast übermütig, setzt das Pampelmusenöl eine schwungvolle, spannende Kopfnote in unsere Mischungen. Ein Öl mit einem intensiven fast «elektrischen» Duft, dessen Faszination man sich schwer entziehen kann.

Kopfnote

Paßt zu blonden Menschen.

Mischt sich gut mit: Dill, Douglasie, Fichtennadel,Ingwer, Kalmus, Minze, Muskatellersalbei, Muskatnuß, Narzisse, Tonka, Vanille, Ylang Ylang, Zirbelkiefer.

Für Damen- und Herrenparfüms, Aftershaves, Raumdüfte.

Seelisch-geistige Wirkung: Pampelmusenöl stimuliert in unserem Gehirn die Ausschüttung von Neurochemikalien, die in uns Gefühle von Heiterkeit bis Euphorie erzeugen. Es ist dadurch eine Hilfe, wenn wir uns schwer und depressiv fühlen. Es vermittelt Lebenslust, Leichtigkeit und Selbstvertrauen. Als Parfüm unterstreicht es den Charakter von Menschen, die sich bedenkenlos ins Glück stürzen. Ein Öl, das duftet wie ein glücklicher Neuanfang...

Element: Luft

Stein: gelber Fluorit oder kupferfarbener Rutilquarz

Patchouli

Gewinnung durch Wasserdampfdestillation der getrockneten und fermentierten Blätter. Die Patchoulipflanze ist ein kleiner Strauch, der zur Familie der Lippenblütler gehört. Er ist heimisch in Indonesien, China, auf den Philippinen und Madagaskar.

Duft: rauchig, holzig, balsamisch; ein Duft wie Untertauchen in warme Erde...; verwirrend, mit starker Ausstrahlung, die einen eigenwillig-geheimnisvollen Bann ausübt. Dieser Duft legt eine faszinierende Basisnote in manche Mischung.

Basisnote, natürlicher Fixateur; sparsam verwenden, am besten stabweise.

Paßt zu rothaarigen und brünetten Menschen.

Mischt sich gut mit: Eichenmoos, Eisenkraut, Jasmin, Kreuzkümmel, Muskatnuß, Moschuskörner, Rose marokkanisch, Sandelholz, Tonka, Vetiver, Ylang Ylang, Zitrone. Für Damen- und Herrenparfüms, Aftershaves.

Seelisch-geistige Wirkung: Ein Duft, der uns mit der Erde verbindet, unsere Phantasie anregt und verführerisch unsere Sinnlichkeit weckt.

Element: Erde

Stein: Moosachat (dunkelgrün)

Pfeffer

Gewinnung durch Wasserdampfdestillation der Pfefferkörner

Duft: warmer, würziger Duft, heiß und trokken; gibt einer Mischung eine kräftige Basisnote und stützt eine sehr frische Kopfnote.

Basisnote

Paßt zu brünetten bis schwarzhaarigen Menschen.

Mischt sich gut mit: Bay, Bergamotte, Ingwer, Lemongrass, Moschuskörner, Zeder, Zitrone.

Für Herrenparfüms, Aftershaves.

Seelisch-geistige Wirkung: Pfefferduft wirkt anregend auf Körper und Geist. Je nachdem, mit welchen anderen Ölen wir ihn mischen, stimuliert er unsere Konzentration und unser Denken. Mit sinnlichen Ölen entwickelt er erotisierende Kräfte. Er wird empfohlen bei innerer Kälte.

Element: Erde

Stein: Tigereisen

Rose

Gewinnung durch Wasserdampfdestillation der frischen Blüten. Für 1 kg Essenz werden 5'000 kg Blüten gebraucht.

Duft: der blumige Duft ist eine der feinsten und kostbarsten der Duftorgel, und eine der edelsten Herznoten, die wir in eine Mischung geben können. Ein Duft, der uns in den Rosengarten unseres eigenen Herzens entführt. Marokkanische Rose: etwas herber, frischer und klarer als bulgarische Rose.

Mairose: jugendlicher, romantischer und sehr heiterer Rosenduft.

Herznote

Bulgarische Rose paßt zu allen Haarfarben.

Marokkanische Rose paßt besonders zu Menschen mit schwarzen oder roten Haaren.

Mairose paßt besonders zu brünetten und blonden Menschen.

Mischt sich gut mit: Cassie, Geranie, Ginster, Honig, Iris, Kamille römisch, Koriander,

Die Rose ist ein Huldgeschenk vom Himmel,

Die Rose kann den Menschen Glück verleihn.

Verkaufst du, Rosenhändler, sie für Silber –

Was kaufst du für das Geld denn Bessres ein?

Kisa-i

Kreuzkümmel, Lavendel, Mimose, Moschuskörner, Muskatnuß, Myrte, Narzisse, Nelke, Neroli, Patchouli, Sandelholz, Styrax, Ylang Ylang.

Für Parfüms und kostbare Raumdüfte.

Seelisch-geistige Wirkung: Rosenessenz wirkt sehr stark auf den seelischen Bereich. Sie harmonisiert und stärkt unseren feinstofflichen Körper, öffnet uns für Liebe und Hingabe und lehrt uns Geduld. Bei Trauer, Liebeskummer und Enttäuschungen gibt sie uns neues Vertrauen und umduftet heilend unser Herz. Rosenöl hilft, von seelischem Schmerz besser loslassen zu können. Es bringt uns in Kontakt mit unserer Intuition; es schenkt angenehme Träume und erholsamen Schlaf, nachts in der Duftlampe verwendet.

Element: Wasser

Stein: Rosenquarz

Rosenholz

Gewinnung durch Wasserdampfdestillation des zerkleinerten Stammholzes. Der Rosenholzbaum, Aniba roseodora, der zu den Lorbeergewächsen gehört, kommt in Brasilien vor.

Duft: blumig, leicht rosig mit einem warmen, würzigen Hintergrund von tropischen Hölzern; ein gefühlvoller, balsamischer, anschmiegsamer Duft, der einer Mischung eine elegante Basisnote verleiht.

Basisnote

Paßt zu allen Haarfarben.

Mischt sich gut mit: Basilikum, Bay, Bergamotte, Douglasie, Fichtennadeln, Jasmin, Koriander, Rose bulgarisch.

Für Parfüms, sehr speziell für Herrenparfüms, Raumdüfte

Seelisch-geistige Wirkung: Ein Duft, der uns in sehr angenehme Stimmung versetzt, gleich einer heiteren Fünf-Uhr-Tee-Atmosphäre mit zwanglosem Geplauder. Er regt sanft unsere Phantasie an und stärkt gleichzeitig unser Nervensystem. Am Abend hilft uns Rosenholzessenz, daß wir leichter abschalten und von Streß und Hetze loslassen können.

Element: Erde und Wasser

Stein: Achatkarneol und Rhodonit

Sandelholz

Gewinnung durch Wasserdampfdestillation des zerkleinerten Kernholzes. Die beste und teuerste Qualität kommt aus Mysore in Indien, auch Ostindisches Sandelholzöl genannt. Erst nach dreißig Jahren hat sich das ätherische Öl voll entwickelt, und der Baum kann geerntet werden.

Duft: warm, samtig, balsamisch und rosenartig auf einer Grundlage von warmem Holz. Ein Duft, der uns die Faszination fremdländischer Hölzer vermittelt. Männlich und gefühlvoll zugleich, gibt er einer Mischung eine warme und kostbare Basis.

Basisnote, natürlicher Fixateur, da der Duft sehr lange haftet.
Seltsamerweise gibt es Menschen, auf deren Haut das Sandelholz überhaupt nicht duftet. Gehören Sie dazu?

Paßt zu allen Haarfarben.

Mischt sich gut mit: Bay, Benzoe, Bergamotte, Eichenmoos, Eisenkraut, Geranie, Jasmin, Kreuzkümmel, Mimose, Moschuskörner, Muskatellersalbei, Narzisse, Patchouli, Rose marokkanisch und bulgarisch, Styrax, Ylang Ylang, Weihrauch, Zedernholz.

Für Parfüms, besonders für Herren, Aftershaves, Raumdüfte

Seelisch-geistige Wirkung: Ein Duft, der wie eine langsame Welle durch unseren Körper fließt und Anspannung, Streß und Überreiztheit mit sich fortschwemmt. Er beruhigt, harmonisiert und gleicht aus, fördert zwischenmenschliche Kontakte und wirkt auf Männer und Frauen gleichermaßen sinnlich anregend. Ein Duft, bei dem man sich genußvoll erholen kann.

Element: Erde

Stein: Karneol (einfarbiger, dunkler)

Styrax

Gewinnung durch Extraktion aus dem Balsam des Styraxbaumes, Liquidamber orientalis. Dieser kommt in Kleinasien, Persien, Honduras und Guatemala vor. Der Baum wird auch Amberbaum genannt. Sein Harz wird in der griechischen Kirche zusammen mit Weihrauch verbrannt. Styrax war eine der acht Räucherwaren, die Moses beim Auszug aus Ägypten mitnahm. Auch in Ägypten war Styrax ein begehrter Duftstoff.

Duft: eine Essenz, die nach vergangenem Wissen riecht, nach Zeit, die plötzlich duftet... Über diesem geheimnisvollen Hintergrund liegt – kaum wahrnehmbar – ein blumiger Hauch von Flieder und Narzissen; ein Duft, der einer Mischung Profil und Charakter verleiht.

Basisnote

Paßt zu schwarzhaarigen Menschen.

Mischt sich gut mit: Benzoe, Bergamotte, Eisenkraut, Iris, Geranie, Nelke, Neroli, Rose, Sandelholz, Tolu, Weihrauch, Zedernholz, Zimt.

Für Parfüms, besonders Herrenparfüms, Aftershaves, Raumduft für Meditation und Sammlung.

Seelisch-geistige Wirkung: Schon in der Antike wurde dieser Duft benutzt, um sich für die geistige Welt zu öffnen. Wir können damit unsere Meditation vertiefen. Styraxduft hilft uns, wenn wir nach innen schauen und klarer werden wollen, besonders in Mischung mit Rose und Weihrauch. Tief verankerte Depressionen und Streß können damit besser überwunden werden. Wir sind auch in unseren Bemühungen unterstützt, auf Vergangenes Licht zu werfen, um es zu verstehen und loszulassen. Styrax ist ein Duft, der uns zu Ruhe und Klarheit verhelfen kann.

Element: Erde

Stein: Pyritachat

Tolu

Gewinnung durch Extraktion aus dem Balsam des Tolubaumes. Dazu wird seine Rinde eingeschnitten und der ausfließende Balsam gesammelt. Tolubäume sind in Mittel- und Südamerika heimisch.

Duft: der wohlklingende, exotische Name dieser Essenz hält, was er verheißt; Toluessenz ist ein phantasievolles Duftgebilde, das unsere Nase umschmeichelt und unseren Körper samten einhüllt; ein Duft voller Wärme, von balsamischem Holz mit einem Hauch von Hyazinthen; als Basisduft eine wunderbare Untermalung für Blütendüfte.

Basisnote

Paßt zu brünetten Menschen.

Mischt sich gut mit: Benzoe, Cassie, Ginster, Ingwer, Jasmin, Limette, Mandarine, Mimose, Narzisse, Nelke, Weihrauch, Sandelholz, Styrax, Vanille, Vetiver, Ylang Ylang, Zimt, Zitrone.

Für Parfüms, auch Herrenparfüms, Afershaves, phantasievolle Raumdüfte.

Seelisch-geistige Wirkung: Ein Duft, der unsere Phantasie beflügelt und uns inspiriert. Er erweitert unsere Sinneswahrnehmung und gibt uns kreative Impulse. Durch seine tiefe Wärme hilft er uns, leichter von Streß und Anspannung loszulassen. Seine warme Süße stimmt uns gelassen-heiter und hüllt unseren Körper wie in Samt.

Element: Erde

Stein: Baumachat

Tonka

Gewinnung durch Extraktion aus der zerkleinerten Tonkabohne, einer großen schwarzen Bohne mit aromatisch-süßem Duft. Der Tonkabaum kommt in Afrika, Südamerika, besonders in Brasilien, vor.

Duft: warm, süß, karamelartig, riecht zart nach frischem, geschnittenen Heu; ein balsamischer Duft voller Zärtlichkeit, der eine wertvolle, warme Basis für eine Mischung schafft.

Basisnote, natürlicher Fixateur, da lange haftend. Sparsam verwenden!

Paßt zu brünetten und schwarzhaarigen Menschen.

Mischt sich gut mit: Bay, Benzoe, Cassie, Cistrose, Clementine, Eichenmoos, Eisenkraut, Fichtennadel, Ginster, Kreuzkümmel, Limette, Sandelholz, Vanille, Vetiver, Zedernholz.

Für Damen- und Herrenparfüms, entspannende Raumdüfte.

Seelisch-geistige Wirkung: Ein Duft mit einer heiteren Zärtlichkeit, die uns füreinander öffnet. Er vermittelt Wärme und Nähe und ist etwas, womit wir uns und andere verwöhnen können, zum Beispiel in einem Bad, einer

Ylang Ylang

Massage, einem Parfümgeschenk... Die Essenz wirkt antidepressiv und hilft uns, emotionale Schwankungen auszugleichen.

Element: Erde

Stein: Bernstein

Tuberose

Gewinnung durch Extraktion aus den Blüten. Tuberosenöl gehört zu den teuersten Essenzen.

Duft: Die Tuberose, in Indien auch «Fürst in der Nacht» genannt, verströmt ihren betörenden Duft besonders nachts. Er ist süß, honigartig, schwer, sehr blumig, von verschwenderischer Fülle; ein Duft spontaner Weiblichkeit mit einer starken aphrodisierenden Ausstrahlung.

Herznote, stark verdünnen, da sonst zu schwer.

Paßt zu allen Haarfarben.

Mischt sich gut mit: Cistrose, Eisenkraut, Iris, Jasmin, Moschuskörner, Tolu, Tonka, Vetiver. Für Parfüms, auch als Einzelduft interessant.

Seelisch-geistige Wirkung: Die Essenz verstärkt mit ihrer intensiven Strahlkraft die Persönlichkeit der Trägerin. Sie unterstreicht den Charakter von Menschen mit einem überschäumenden Temperament und einer natürlichen Sinnlichkeit. Sie gibt Energie in Situationen, in denen wir stark beansprucht sind; sie belebt und regt den Kreislauf an.

Element: Wasser / Luft

Stein: Wassermelonenturmalin

Vanille

Gewinnung durch Extraktion aus den zerkleinerten Vanilleschoten. Die Pflanze gehört zu den Orchideengewächsen und wird auf Madagaskar, den Karibischen Inseln und in Indonesien angebaut.

Duft: süß, warm, balsamisch; ein Duft, der freundlich unsere Nase umschmeichelt und einer Mischung eine heitere Basis verleiht. Er kann zu extreme Duftnoten in einer Mischung abrunden und miteinander verbinden.

Basisnote mit Herz

Paßt zu blonden bis dunkelhaarigen Menschen.

Mischt sich gut mit: Benzoe, Clementine, Honig, Limette, Mairose, Mimose, Muskatnuß, Myrte, Nelke, Pampelmuse, Rose marokkanisch, Tolu, Zimt, Zitrone.

Für Parfüms, angenehme Raumdüfte, eignet sich sehr zum Kochen.

Seelisch-geistige Wirkung: Der Duft der Vanille weckt in vielen Menschen angenehme Kindheitserinnerungen. Er vermittelt Geborgenheit und Wärme, besänftigt Ärger und Reizbarkeit und mildert Frustration. Ein Duft, der unsere Seele streichelt...

Element: Wasser – Erde

Stein: Rosa Beryll (Morganit)

Vetiver

Gewinnung durch Wasserdampfdestillation der Wurzeln des Vetivergrases. Dieses stammt ursprünglich aus Nordindien und wird heute in ganz Indien, Indonesien, Reunion, Haiti, Brasilien, Angola und China angebaut.

Duft: Geheimnisvoll wie eine Umarmung in tiefer Nacht. Erdig, modrig, holzig wie feuchter Waldboden; umfangend und schwer, von balsamischer Dunkelheit; eine Basisnote, die geheimnisvoll in einer Mischung wirkt.

Basisnote, natürlicher Fixateur, da sehr lange haftend. Die Essenz ist zähflüssig und muß deshalb mit dem Stab – nur in Spuren – entnommen werden.

Paßt zu brünetten bis schwarzhaarigen Menschen.

Mischt sich gut mit: Benzoe, Bergamotte, Eichenmoos, Eisenkraut, Geranie, Ingwer, Muskatnuß, Orange, Patchouli, Sandelholz, Tolu, Tonka, Ylang Ylang, Zimt, Zitrone.

Für Parfüms, besonders Herrenparfüms, Aftershaves.

Seelisch-geistige Wirkung: Ein Duft, der uns erden kann, uns verwurzelt in unserer eigenen Tiefe; er löst tiefliegende Spannungen, besonders bei Männern.

Element: Erde

Stein: Rauchquarz, Moosachat

Wacholder

Gewinnung durch Wasserdampfdestillation der getrockneten, reifen Wacholderbeeren.

Duft: kraftvoll, aromatisch, fruchtig, grün; ein männlicher Duft, der Dynamik und Aktivität vermittelt, der, jovial wie ein freundschaftlicher Schlag auf die Schulter, realistisch und ohne Sentimentalität ist.

Basisnote

Paßt zu rothaarigen Menschen.

Mischt sich gut mit: Angelika,Basilikum, Douglasie, Eisenkraut, Fichtennadel, Galbanum, Geranie, Kalmus, Lavendel, Lemongrass, Minze, Zirbelkiefer, Zitrone.

Für Parfüms.

Seelisch-geistige Wirkung: Ein Duft, der uns neue Energie schöpfen läßt, der kräftigt und aufbaut, wenn wir uns schwach und verwirrt fühlen. Er macht wach, wie der Name Wacholder verrät. Er unterstützt die Umsetzung von Ideen in die Realität. Er dient zur Unterstützung eines kraftvollen, dynamischen Charakters.

Element: Feuer / Erde

Stein: blaugrüner Azurit, Chrysokoll

Weihrauch

Gewinnung durch Extraktion aus dem Harz des Weihrauchbaumes, der in Äthiopien und Somalia angebaut wird. Eines der ältesten

Räucherwerke, das schon in altägyptischer Zeit verwendet wurde. Die Essenz wird auch Olibanum genannt.

Duft: Wenn Sie keine unangenehmen Erinnerungen an Kirchenbesuche in Ihrer Kindheit damit verbinden, dann können Sie diesen wunderbaren Duft genießen und sich daran laben. Er ist balsamisch, würzig, holzig und schafft eine Basisnote voller Würde und Charakter.

Basisnote

Paßt gut zu brünetten und dunkelhaarigen Menschen.

Mischt sich gut mit: Benzoe, Eichenmoos, Honig, Sandelholz, Styrax, Tonka, Tolu, Vetiver, Zedernholz.

Für Parfüms, besonders Herrenparfüms, Raumdüfte bei Meditation und Sammlung.

Seelisch-geistige Wirkung: Es muß schon irgendetwas Besonderes an diesem Duft sein, denn er ist seit tausenden von Jahren ein begehrtes Räucherwerk. Voll Weisheit und Würde baut er uns seelisch auf und soll uns empfänglich machen für kosmische Energie. Ein Duft, der uns zentriert und festigt. Man sollte es nicht glauben: mit erotischen Ölen entwickelt er seine sinnliche Seite!

Element: Feuer

Stein: goldgelber Hyazinth

Denn es gibt Düfte, frisch wie Kinderwangen,
Süß wie Oboen, grün wie junges Laub,
Verderbte Düfte, üppige, voll Prangen,
Wie Weihrauch, Ambra, die zu uns im Staub
Den Atemzug des Unbegrenzten bringen
Und unsrer Seelen höchste Wonnen singen

Baudelaire

YLANG YLANG

Gewinnung durch Wasserdampfdestillation der frischen gelblich-farbenen Blüten des Ylang Ylang-Baumes. Er wird «Blume der Blumen» genannt und hauptsächlich auf den Komoren, auf Madagaskar, Reunion, Sansibar und Haiti angebaut.

Duft: weich, sehr süß, schwer und betörend; erotisch wie in «Tausend und einer Nacht»; ein erregender Duft mit aphrodisierender Wirkung; er erinnert an Levkojen, Orchideen und Mandeln. Er belebt das Herz einer Blütenkomposition und gibt der Mischung eine berauschende Fülle; ein Duft mit großer Strahlung.

Herznote

Paßt gut zu brünetten bis schwarzhaarigen Menschen.

Mischt sich gut mit: Bay, Iris, Jasmin, Kreuzkümmel, Limette, Mimose, Moschuskörner, Narzisse, Nelke, Orange, Pampelmuse, Patchouli, Rose, Sandelholz, Tolu, Tonka, Zimt.

Komm, laß uns draussen
das Blühen nicht versäumen
Laß uns Lippen in Lippen
im feuchten Gras
unter duftenden Bäumen
die Nächte verträumen

Anette Christener-Ayasse

Seelisch-geistige Wirkung: Eine Essenz, die unsere Sinnlichkeit anspricht und anregt, uns selbst und andere zu verwöhnen. Sie wärmt bei innerer Kälte und löst Frustration, wirkt antidepressiv und stimmungserhellend; sie regt unsere Kreativität an und intensiviert besonders unseren Farbensinn.

Element: Wasser

Stein: Wassermelonenturmalin, neuer rosa Rubin (Brasilien, Südafrika)

Zeder

Gewinnung durch Destillation des Holzes der Atlaszeder.

Duft: Die Essenz aus diesem kraftvollen Baum vermittelt Souveränität, Würde und Stärke. Ihr Duft ist balsamisch, weich, holzig, warm und ein wenig süß; er nimmt uns mit auf einen Spaziergang durch einen alten Zauberwald; Zedernholzöl schenkt einer Mischung Wärme und Fülle.

Basisnote

Paßt gut zu allen Haarfarben.

Mischt sich gut mit: Bay, Benzoe, Bergamotte, Cistrose, Douglasie, Eichenmoos, Eisenkraut, Jasmin, Lavendel, Pfeffer, Rose, Sandelholz, Styrax, Tonka, Weihrauch.

Seelisch-geistige Wirkung: Die Essenz wirkt stabilisierend, harmonisierend und beruhigend. Sie hilft bei Angstzuständen. Wenn wir kleinlich werden, können wir uns von der ausladend großzügigen Geste des Zedernbaumes belehren lassen. Die Essenz wirkt entkrampfend bei Streß und Anspannung, besonders für Männer geeignet; ein Duft, der Stärke vermittelt.

Element: Erde

Stein: Malachit (dunkel), dunkelgelber Topas

Zirbelkiefer

Gewinnung durch Wasserdampfdestillation der zerkleinerten Zweige. Die Zirbelkiefer wächst in den Alpen und Karpaten in einer Höhe bis zu 2'400 m. Sie hat rötliches Holz mit balsamischem Duft.

Duft: würzig, harzig; holzig wie Holzfeuer, das man an einem klaren, kalten Morgen in den hohen Bergen entzündet, mit Blick auf glitzernde Schneegipfel; ein Duft wie ein Abenteuer, bei dem man das Durchhalten lernt: rauh, aber mit versteckter Herzlichkeit.

Basisnote

Paßt gut zu brünetten bis schwarzhaarigen Menschen.

Mischt sich gut mit: Angelika, Eisenkraut, Kalmus, Lavendel, Lemongrass, Muskatellersalbei, Myrte, Pampelmuse, Wacholder, Zitrone.

Für Herrenparfüms, Aftershaves, reinigende, stärkende Raumdüfte.

Seelisch-geistige Wirkung: Ein Duft, der Stärke und Energie vermittelt und hilft, uns auf unsere eigene Kraft zu konzentrieren. Er verstärkt unsere psychische Schutzhülle und erhöht unsere körperliche und seelische Widerstandskraft. Er reinigt die Luft, als Raumduft verwendet.

Meerkiefer: Sie hat einen etwas milderen Kieferndunft, wirkt harmonisierend und beruhigend; ist eine weniger markante Basisnote.

Latschenkiefer: Sie vermittelt eher einen grünen, etwas fettigen Duft; für erfrischende, herbe männliche Noten geeignet.

Element: Erde – Feuer

Stein: dunkler Malachit

Zimt und Zedernöl

gazellenäugiger
deine Haut ist Duft
von Zimt und Zedernöl
deine Locken
sind zärtlich meinen Wangen
deine Hände
sanfter als Südwind

wäre ich
ein göttlicher Dichter
ich sänge dir neu
das Hohe Lied

Ulrike Seidel

Zimt

Gewinnung durch Wasserdampfdestillation der Blätter oder Rinde des Zimtstrauches.

Duft: ein warmer, würziger Duft, der meist positive Kindheitserinnerungen weckt und Geborgenheit vermittelt. Mit seiner würzigen

Süße entführt er auf ferne Inseln. Er paßt gut zu würzigen oder orientalischen Mischungen und verleiht diesen Wärme und Fülle. Den sehr intensiven Duft nur in Spuren in einer Mischung verwenden!

Basisnote mit Herz. Zimtblätteröl hat einen etwas milderen Zimtduft und kann keine Allergie auf der Haut verursachen, wie es manchmal Zimtrindenöl tut.

Paßt gut zu brünetten Menschen

Mischt sich gut mit: Bay, Benzoe, Clementine, Eichenmoos, Ingwer, Jasmin Koriander, Kreuzkümmel, Limette, Mandarine, Mimose, Muskatnuß, Nelke, Orange, Sandelholz, Styrax, Tolu, Tonka, Vanille, Vetiver, Ylang Ylang.

Für Parfüms und Raumdüfte.

Seelisch-geistige Wirkung: Ein Duft, der unsere Assoziationen weckt und unsere Kreativität stimuliert. Seine einhüllende Wärme beruhigt gestreßte Nerven und wärmt bei Gefühlskälte. Die Essenz stärkt unsere schützende Aura und unterstreicht als Parfüm den Charakter eines warmen, liebevollen und phantasievollen Menschen.

Element: Feuer

Stein: dunkelbrauner Zitrin

Zitrone

Gewinnung durch Kaltpressung der Zitronenschalen. Aus 1'500 bis 3'000 Zitronen erhält man 1 Liter Zitronenöl.

Duft: frisch, strahlend, fruchtig; ein lebendiger Duft, wie eine kühle Brise. Die Zitronenessenz hat eine frische Kopfnote, die zu vielen anderen Düften paßt und ein heiteres, erfrischendes Lachen in eine Mischung legt.

Kopfnote

Paßt gut zu schwarzhaarigen Menschen.

Für Damen- und Herrenparfüms, erfrischende Raumdüfte.

Mischt sich gut mit: Angelika, Basilikum, Cistrose, Clementine, Estragon, Fichtennadel, Geranie, Kalmus, Kreuzkümmel, Limette, Minze, Moschuskörner, Muskatellersalbei, Narzisse, Orange, Patchouli, Pfeffer, Tolu, Vanille, Wacholder, Zirbelkiefer.

Seelisch-geistige Wirkung: Eine Essenz, die wie «geistiges lifting» wirkt; sie vermittelt Frische, aktiviert den Geist, fördert die Konzentration und stärkt das Gedächtnis und ist voller Humor. Sie unterstreicht einen luftigen, heiteren Charakter.

Element: Luft

Stein: Citrin (hellgelb)

Zypresse

Gewinnung durch Wasserdampfdestillation der Zypressenzweige.

Duft: harzig, würzig, warm, rauchig und ernst, wie Zypressen wirken; ein beinahe feierlicher Duft, der Mischungen eine feste Basis verleiht; zusammen mit Blüten- und Fruchtdüften sehr gut geeignet für eine Mittelmeerduftmischung.

Basisnote

Paßt gut zu dunkelhaarigen Menschen.

Mischt sich gut mit: Basilikum, Bergamotte, Kreuzkümmel, Lavendel, Limette, Mandarine, Meerkiefer, Muskatellersalbei, Myrte, Narzisse, Orange, Wacholder, Zitrone.

Für Parfüms, besonders für Herren, Aftershaves.

Seelisch-geistige Wirkung: Ein Duft, der mit seiner Würde und Ernsthaftigkeit hilft, uns auf das Wesentliche zu konzentrieren: Er hält uns zusammen, wenn wir uns von Gefühlen wegschwemmen lassen. Er stärkt unsere Konzentration. Mit weichen oder fruchtigen Düften zeigt er seine versteckte Wärme.

Element: Erde

Stein: Obsidian, schwarzer Turmalin (Schörlkristall)

STIMMUNGEN AUS DEM FLAKON

Naturparfüms

In diesem Kapitel möchte ich Sie gerne an einigen meiner Lieblingsmischungen schnuppern lassen und Sie dabei in die Praxis der Naturparfümherstellung einführen. Die Rezepte sollen Ihnen die anfängliche Scheu vor dem Selbermischen nehmen und Sie dazu anregen, Ihre persönlichen Duftkreationen zu schaffen.

Silberne Tauperlen

Zirbelkiefer	2 Tropfen
Eichenmoos	1 Stab (untere Schnittfläche ganz benetzen)
Rosenholz	2 Tropfen
Muskatellersalbei	2 Tropfen
Myrte	2 Tropfen
Speiklavendel	2 Tropfen
Neroli	6 Tropfen
Bergamotte	2 Tropfen
Pampelmuse	8 Tropfen
Limette	10 Tropfen

Ein frischer Duft, wie Tauperlen auf Moos und Holz.
Als Herrenpafüm in 10ml Jojobaöl verschütteln. Für ein Aftershave in Alkohol lösen und mit destilliertem Wasser auffüllen. Sehr angenehm auch als Duschgel; verschütteln sie hierfür diese Mischung direkt in einer Grundlage, von 100 bis 200 ml duftfreiem Körpershampoo. Die unvermischten Essenzen eignen sich auch als frischer Raumduft. Geben Sie einige Tropfen ins Wasser der Duftlampe.

Chrysolith

Benzoe	1 Stab
Geranie	1 Tropfen
Eisenkraut	10 Tropfen

Auf einem der Farbfotos dieses Buches ist der Edelstein Chrysolit, auch Peridot genannt, abgebildet. Er ist transparent, trägt die Farbe von frischem Buchenlaub im Mai und hat eine warme, heitere Ausstrahlung. Solch eine Stimmung kann auch die Parfümmischung ausdrücken und erzeugen: Eisenkraut ist eine Kopfnote, die frisch ist, ohne stechend zu wirken. Sie ist wie der Stein dem Element Luft zugeordnet. Eisenkraut erfrischt unsere Gedanken und hat gleichzeitig eine herzstützende Wirkung. Auch Geranie, die Herznote, wirkt auf unser Herz und unsere Gefühle ausgleichend. Eine milde, warme Basis bildet die Essenz aus Benzoeharz, das dem Element Wasser zugeordnet wird. Eine schwere Basisnote, dem Erdelement zugeordnet, nähme der Mischung ihre Leichtigkeit.

Guten Morgen, Du Schöne

Tonka	1 Stab
Ginster	4 Tropfen
Neroli	3 Tropfen
Limette	2 Tropfen
Pampelmuse	8 Tropfen

Ein Parfüm, das eine Frau zärtlich und heiter umhüllt und sie gleich warmen Sonnenstrahlen umgibt. Lösen Sie die Essenzen in ca. 9 ml Jojobaöl. Tonka ist sehr zähflüssig und kann nur mit dem Stab entnommen werden. Falls in der Packung ein kleiner Stab zum Entnehmen beigegeben ist, verwenden Sie bitte die doppelte Dosierung. Auch Ginster ist dickflüssig. Sie können es jedoch mit einer Pipette entnehmen. Diese Mischung verleiht Cremes einen wunderbaren Duft. Geben sie einige Tropfen davon in eine nicht duftende Creme. Verflüssigen sie diese dafür zuerst im Wasserbad und rühren Sie dann die Essenzen, die in wenig Jojobaöl verrührt werden, ein.

Timphu

Bay	2 Tropfen
Cassie	2 Tropfen
Geranie	8 Tropfen
Bergamotte	6 Tropfen
Speiklavendel	10 Tropfen

Wilde Blumen auf einer Bergwiese, Schneegipfel am Horizont und der Weg ist noch weit nach Timphu... Doch wehte da nicht ein warmer, sinnlicher Duft von Ihr herüber? Diese Frau ist ein Abenteuer.
Lösen Sie die Essenzen in 9 ml Jojobaöl oder hochprozentigem Alkohol. Gut verschütteln, da Cassie zähflüssig ist und sich schwer löst.
Für ein Parfüm oder ein edles Bad.

Sommernelken

Vanille	2 Tropfen
Moschuskörner	1 Stab
Geranie	4 Tropfen
Nelke	2 Tropfen
Neroli	2 Tropfen
Jasmin	2 Tropfen
Mandarine	1 Stab

Ein Duft, verträumt und warm wie ein Sommernachmittag. Ich liege im Gras und schließe die Augen. Ein sanfter, warmer Hauch weht mir den würzigen Duft der weinroten Gebirgsnelke herüber. Bienen summen. Ich räkle mich in der Sonne.
Mischen Sie die Essenzen in 5 ml Jojobaöl. Moschuskörneressenz ist sehr intensiv, benetzen Sie daher nur die untere Schnittfläche des Glasstabes damit.

KÖLNISCH WASSER (frisch)

Zeder	1 Tropfen
Neroli	3 Tropfen
Melisse	2 Tropfen
Schopflavendel	4 Tropfen
Bergamotte	10 Tropfen
Zitrone	4 Tropfen
Minze	1 Tropfen

Ein Kölnisch Wasser ohne synthetische Düfte, Farbstoffe, Fixative, etc. ist erfreulich für die Nase und gleichzeitig ein aufmunterndes Heilmittel. Achten Sie darauf, daß die Bergamotteessenz furocumarinfrei ist, sonst können bei Sonnenbestrahlung auf der Haut Flecken entstehen. Lösen Sie die Essenzen in 5 ml 90%igem Alkohol (Weingeist) und fügen Sie 15 ml Orangenblütenwasser hinzu. Nach 14 Tagen Lagerung stellen Sie die Mischung ins Tiefkühlfach des Kühlschranks. Geben Sie diese danach durch einen feinen Papierfilter. Die durch Kälte ausgefällten Wachse in der Mischung werden auf diese Weise herausgefiltert. Diesen Klärungsvorgang können Sie mit allen Parfümmischungen auf Alkoholbasis vornehmen. Sie können die Parfüms und Aftershaves dadurch besser im Zerstäuber versprühen.

INSELZAUBER

Tolu	4 Tropfen
Ingwer	2 Tropfen
Benzoe	1 Stab
Narzisse	1 Tropfen
Limette	2 Tropfen

Schließen Sie die Augen und träumen Sie von Inseln der Südsee. Dieser würzige, warme Duft wird Sie dorthin entführen.
Mischen Sie die Essenzen in 9 ml Jojobaöl oder Alkohol. Dieses Parfüm ist für Damen wie Herren geeignet. Für ein edles Bad mischen Sie die Duftmischung mit 2 – 3 Eßlöffel neutraler Schaumgrundlage oder Honig.

Kölnisch Wasser (würzig):

Douglasie	1 Tropfen
Nelke	2 Tropfen
Neroli	2 Tropfen
Zitrone	4 Tropfen
Rosmarin	3 Tropfen
Lavendel	4 Tropfen
Bergamotte	10 Tropfen

In 90%igem Weingeist lösen und mit 15 ml destilliertem Wasser, Rosen- oder Hamameliswasser auffüllen. Weitere Verarbeitung siehe oben.

Für Kölnisch Wasser eignen sich folgende Essenzen:
Bergamotte, Zitrone, Limette, Lemongrass, Neroli, Petit Grain, Lavendel, Geranie, Rose Douglasie, Zirbelkiefer, Fichtennadeln, Zeder, Rosmarin

Fertigen Sie doch einmal Ihre hauseigene Kölnisch Wasser-Mischung.

Danyac

Zirbelkiefer	1 Tropfen
Eichenmoos	1 Stab
Rosenholz	1 Tropfen
Neroli	2 Tropfen
Muskatellersalbei	1 Tropfen
Myrte	1 Tropfen
Bergamotte	1 Tropfen
Speiklavendel	1 Tropfen
Pampelmuse	4 Tropfen
Limette	5 Tropfen

Eisschollen treiben im aufgewühlten Nordmeer. Die Gischt sprengt über den Bootsrand und Danyac läßt mit jedem Atemzug die Luft tief in sich strömen, die nach Aufbruch und Gefahr riecht. Niemand hat die Schönheit und Wildheit eines Winters am Pol schöner beschrieben als Blaise Cendrars in seinem Roman «Danyac». Wenn Sie wissen möchten, welches Aftershave er trug, dann sollten Sie das obenstehende Rezept ausprobieren.
Mischen Sie die Essenzen in 10 ml 90%igem Alkohol. Eichenmoos ist sehr zähflüssig. Be-

netzen Sie den Glasstab an dessen Schnittfläche ganz mit der braun-grünen Eichenmoosessenz und verrühren Sie diese gut im Alkohol. Füllen Sie mit 20 ml destilliertem Wasser oder Hamameliswasser auf. Gut verschütteln.
Sie können die Essenzen auch in 10 ml – 20 ml Jojobaöl lösen, als Parfüm oder duftenden Pflege nach der Rasur.

Duft von Glück

Rose	2 Tropfen
Neroli	1 Tropfen
Iris	1 Tropfen
Benzoe	1 Stab

Ein Duft wie ein Arm voll Himmel. Geben Sie die Essenzen unverdünnt in ein kleines Fläschchen und laben Sie sich daran. Eine ideale Mischung auch für die Duftlampe, für einen wohltuenden Schlaf.

Faun

Eichenmoos	1 Stab
Zedernholz	2 Tropfen
Moschuskörner	1 Stab
Douglasie	1 Tropfen
Myrte	5 Tropfen
Bergamotte	2 Tropfen

Faunus, der sinnliche Gott duftet nach Moos, Hölzern, von der Sonne beschienener Myrte und nach Erotik, der man einfach nicht widerstehen kann.
Lösen Sie die Essenzen in Jojobaöl für ein Parfüm für Herren. Auch gut geeignet zur Pflege nach der Rasur. In Alkohol gelöst und mit destilliertem Wasser gestreckt, ein besonderes Aftershave.

Andalusische Nacht

Koriander	1 Stab
Jasmin	3 Tropfen
Limette	3 Tropfen

Es war Vollmond und der Jasmin verströmte seinen betörenden Duft... In der Ferne spiegelten sich die Lichter von Malaga im Meer.

Benetzen Sie den Glasstab nur wenig mit Koriander und tauchen Sie ihn dann in das Jojobaöl. Auf seiner warm-würzigen Basis entfaltet sich der süße Duft des Jasmin. Die Mischung eignet sich für ein Parfüm, aber auch für ein edles und sinnlich duftendes Körperöl. Mischen Sie die Essenzen in 50 oder 100 ml Jojobaöl, je nachdem wie intensiv Sie den Duft wünschen.

Leichtsinn

Tonka	2 Stäbe
Neroli	2 Tropfen
Narzisse	1 Stab
Pampelmuse	5 Tropfen

Pampelmuse und Neroli schenken dieser Mischung ihren optimistisch stimmenden Duft. Narzisse und Tonka bilden eine heitere, warme Basis. Was kostet die Welt?
Mischen Sie die Essenzen in 9 ml Jojobaöl oder Alkohol. Unverdünnt ist dieser «pure Leichtsinn» eine bezaubernde Mischung für die Duftlampe. Die Sorgen werden zu Wolken am Himmel, die der nächste Wind wegblasen wird...

Raumdüfte

Geben Sie einige Tropfen, je nach Raumgröße und gewünschter Duftintensität, ins Wasser der Duftlampe oder in das Glasgefäß des Vaporisators. Wenn Sie eine größere Menge der Mischung zum öfteren Gebrauch möchten, vervielfachen Sie bitte die Tropfenzahl.

Frische Düfte für den Sommer, im Büro oder im Auto

Frisch, holzig-warm

Douglasie	2 Tropfen
Myrte	3 Tropfen
Lemongrass	4 Tropfen

Sehr frisch, konzentrationsfördernd

Zirbelkiefer	5 Tropfen
Lavendel	5 Tropfen
Zitrone	5 Tropfen

Fruchtig, würzig

Vanille	2 Tropfen
Orange	10 Tropfen
Pampelmuse	2 Tropfen
Limette	2 Tropfen

Kräftig, aufbauend

Zirbelkiefer	3 Tropfen
Neroli	2 Tropfen
Pampelmuse	5 Tropfen

Fruchtig, waldig

Zeder	3 Tropfen
Myrte	2 Tropfen
Bergamotte	5 Tropfen

Kräftig, waldig

Fichtennadeln	4 Tropfen
Wacholder	5 Tropfen
Myrte	2 Tropfen
Minze	1 Tropfen

Duftmischungen mit harmonisierender Wirkung

Zum Entspannen und Erholen, für die Duftlampe oder auch für ein entspannendes Bad

Warm, würzig, holzig

Rosenholz	4 Tropfen
Zimtblätter	1 Tropfen
Iris	1 Tropfen
Pampelmuse	3 Tropfen
Limette	2 Tropfen

Blumig, warm

Rosenholz	5 Tropfen
Geranie	5 Tropfen
Bergamotte	4 Tropfen

Blumig wie gelbe Rosen

Koriander	1 Tropfen
bulg. Rose	3 Tropfen
Lavendel	3 Tropfen

Harmonisch, warm

Zeder	5 Tropfen
Geranie	2 Tropfen
Bergamotte	5 Tropfen

Duftmischungen zum Reinigen und Verbessern der Atemluft, zum Beispiel nach Rauchen

würzig, harzig, frisch

Zirbelkiefer	5 Tropfen
Muskatellersalbei	5 Tropfen
Pampelmuse	3 Tropfen
Lemongrass	6 Tropfen

Minzig, würzig

Wacholder	7 Tropfen
Muskatellersalbei	2 Tropfen
Minze	2 Tropfen

Sinnliches

Ein Duft, der an weiße Rosen erinnert

Patchouli	2 Tropfen
Geranie	5 Tropfen
Bergamotte	5 Tropfen

Orientalisch-süß

Sandelholz	5 Tropfen
Jasmin	1 Tropfen
Limette	3 Tropfen

Betörend

Tonka	1 Tropfen (2 Stäbe)
Tuberose	5 Tropfen
Limette	2 Tropfen

Verwenden Sie eine Lösung von Tuberosenessenz in Alkohol und Wasser, da die unverdünnte Essenz zu schwer duftet. Verrühren Sie in dieser Alkoholmischung, die schon fertig gemischt im Handel erhältlich angeboten wird, die Tonkaessenz, sodaß sich diese ganz löst. Geben Sie die Limette dazu und verschütteln Sie gut. Diese Mischung dann ins Wasser einer Duftlampe geben.

Duftmischungen, die Kindernasen erfreuen

Für die Duftlampe, aber auch als Bad oder «Kinderparfüm» verwendbar: für ein Bad reichen 5 – 10 Tropfen Essenzmischung in 3 Eßlöffel Honig oder Schaumgrundlage verrührt.

Tim und Struppi

Kakao	5 Tropfen
marokk. Rose	1 Tropfen
Clementine	8 Tropfen

Elfentochter

Vanille	2 Tropfen
Mimose	2 Stäbe (Glasstäbe oder kleine Pipetten, diese Menge entspricht etwa 2 Tropfen)
Iris	2 Tropfen
Mandarine	1 Tropfen

Geben Sie in ein kleines Parfüm-Sprühfläschchen 1 ml 90%igen Alkohol und lösen Sie darin die Essenzen. Gut verschütteln! Füllen Sie dann das Fläschchen mit 9 ml Rosenwasser auf. Ein Parfüm, zart und blumig wie eine Elfentochter, in der Farbe des Mondes.

Honigbär

Vanille	2 Tropfen
Zimtblätter	1 Tropfen
Honig	10 Tropfen
Orange	6 Tropfen
Clementine	2 Tropfen

Bibliographie

Avicenna: Das Lehrgedicht über die Heilkunde; Berlin 1939

Avicenna: Buch der Genesung der Seele (Übers. H.Horten); Halle 1907

Christener-Ayasse, Anette: Gedichte, Fantasien, Sinfonien; 1985

Christener-Ayasse, Anette: Meerwind; November 1987

Christener-Ayasse, Anette: Umarmt von Träumen; Juli 1983

(alle drei Bücher im Selbstverlag, Schlierenstr.17, CH-8142 Uitikon)

Conrad, Ilse, Hsg.: Als rauschten alle Quellen; Stuttgart 1987

Corbin, Alain: Pesthauch und Blütenduft; Berlin 1984

Dalai Lama VI: Liebeslieder (Übers. Dieter Back); Freiburg 1986

Domin, Hilde: Nur eine Rose als Stütze; Frankfurt 1959

Eliade, Mircea: Mythen, Träume und Mysterien; Salzburg 1961

Fischer, Susanne: Blätter von Bäumen; München 1980

Fischer, Susanne: Medizin der Erde; München 1984

Fischer-Rizzi, Susanne: Dufterlebnisse; Isny 1987

Fischer-Rizzi, Susanne: Himmlische Düfte; München 1989

Horn, Effi: Parfüm; München

H & R: Lexikon Duftbausteine; Hamburg 1984

Jellinek, Paul: Die psychologischen Grundlagen der Parfümerie; Heidelberg 1973

Junius, Manfred M.: Praktisches Handbuch der Pflanzenalchemie; Interlaken 1982

Kettenring, Maria und Thomas: Paradies Aromaküche; Isny 1989

Korth, Michael, Hsg.: Schöner Jüngling, mich lüstet Dein; Frankfurt 1988

Kundera, Milan: Die unerträgliche Leichtigkeit des Seins; Frankfurt 1987

Marzotto Caotorta, Francesca: Profumi ritrovati; Milano 1980

Maury, Marguerite: Marguerite Maury's Guide to Aromatherapy; Saffron Walden 1989

Moncrieff, R.: Odour Preferences, New York 1966

Plenzat, Frieder: Duftende Pflanzen in Garten und Haus; Frankfurt 1987

Schimmel, Annemarie: Nimm eine Rose und nenne sie Lieder; München 1988

Seidel, Ulrike: Zimt und Zedernöl; München 1982

Schipperges, Heinrich: Die Heilkunde der Hildegard von Bingen; Salzburg 1957

Van Toller, Steve and Dodd, George H.: Perfumery, London/New York 1988

Walker, Winifried: All the Plants of the Bible; New York 1979

Worwood, Valerie Ann: Aromantics; London, Sydney 1988

Bezugsnachweis

Ätherische Öle, Duftlampen Jojobaöl, Glasstäbe, Flakons:

Firma Primavera, D-8961 Sulzberg

erhältlich auch in Naturkostläden und Naturkosmetikstudios

Österreich:

Firma Naturgarten
Grünangerstr. 14, A-2700 Wiener Neustadt

Schweiz:

Firma Dessauer
Räffelstr. 32, CH-8045 Zürich

Duftlampen aus Alabaster und Glas:

Firma Primavera light, D-8961 Sulzberg

Körperpflegemittel ohne Parfümierung als Grundlage für eigene Duftmischungen:

Serie: Logona Pur
Firma Logona, 3216 Salzhemmendorf 6

erhältlich in Naturkostläden

Besonders duftende Rosen für den Garten:

Ingwer Jensen
Hermann-Löns-Weg 39, 2390 Flensburg

Duftgeranien
Als Zimmer- und Balkonpflanzen in vielen verschiedenen Duftnoten:

Gärtner Wiedemann
Dietzenbachstr. 22, 7340 Geislingen

Danksagung

Allen großen und kleinen Helfern, die mir bei der Arbeit an diesem Buche ihre Unterstützung schenkten, möchte ich recht herzlich danken. Eva Diller korrigierte wieder unermüdlich mit wachem Verstand und Gefühl für meine Sprache das Manuskript und versorgte mich nebenbei in meiner Dichterklause mit Lebensmitteln, Post und Büchern. Die Zusammenarbeit mit Maria und Thomas Kettenring, die dieses Buch verlegten, war so anregend, daß trotz Termindruck die gemeinsame Freude nie nachließ. Markus Kuhn aus Zürich schuf mit seinem einfallsreichen Layout den gestalterischen Rahmen und scheute sich nicht, nach stundenlangen Besprechungen zu später Stunde wieder in die Schweiz zurück zu fahren. Ute Leube hat, solange ich schrieb, die Stellung gehalten und meine sonstige berufliche Arbeit übernommen und so einen Großteil dazu beigetragen, daß dieses Buch zustandekommen konnte. Mathias Weitbrecht tippte kurzfristig alles in den Computer, nachdem ich feststellte, daß ich mich auch für dieses Buch von meiner alten Schreibmaschine nicht trennen konnte. Werner Schmidt versorgte mich weiterhin liebevoll mit Informationen und Unterlagen. Ernah Marten teilte mit mir ihr großes Wissen über die Edelsteine und deren Heilwirkungen. Erich Schmidt ließ mir Wissenswertes über die Essenzen zukommen. Wie immer unterstützte mich meine Mutter in jeder Hinsicht. Besonders danke ich Jonas Balena für seine Bilder, die das Buch zu einem Kunstwerk machen.

Der Duft der Orchidee
hat sich auf die Flügel des Schmetterlings
übertragen

Basho